高校入試対策

英語リスニング 練習問題

実践問題集 佐賀県版 2025年春受験用

JN131894

contents

K 教英出版

本書の特長

① **基本問題集（別冊）**

英語リスニング問題を**7章の出題パターン別**に練習できる問題集です。
佐賀県公立高校入試の英語リスニング問題の**出題パターンを重点的に**練習できます。

② **解答集（別冊）**

①基本問題集の解答・解説・放送文・日本語訳などを収録。すべての問題の**放送文と日本語訳を見開きページで見る**ことができ，**単語や表現を1つずつ照らし合わせながら復習**ができます。

③ **実践問題集佐賀県版（この冊子）**

佐賀県公立高校入試の**過去問題**(2回分)と，形式が似ている**実践問題**(3回分)を収録。
佐賀県公立高校入試の**出題パターンの把握や入試本番に向けての練習**に最適です。

実践問題集 佐賀県版 の特長と使い方

📋📝 2回分の過去問題

過去の佐賀県公立高校入試で**実際に出題された**問題です。

📖📝 3回分の実践問題

佐賀県公立高校入試と**出題パターンが似ている**問題です。

HOW TO 使い方

2ページの**過去の典型的な出題パターンと対策**で出題パターンを把握してから，**過去問題と実践問題**に進んでください。問題を解いた後に**解答例と解説**を見て，**答えにつながる聴き取れなかった部分を聴き直す**と効果的です。別冊の**基本問題集**で出題パターン別に練習して，**出題パターンに合った実力**をつけてからこの冊子に進むと，**過去問題と実践問題**をよりスムーズに解くことができます。

🔊 音声の聴き方

教英出版ウェブサイトの「**ご購入者様のページ**」に下記の「**書籍ID番号**」を入力して音声を聴いてください。

ID 193041 （有効期限 2025年9月）　　ＩＤの入力はこちらから→

過去の典型的な出題パターンと対策

▶ 次の一言… 対話を聞き，次の言葉を選ぶ　 別冊　第2章

放送文
> Yuka　：　Good morning, Bob. I have good news.
> Bob　：　Oh, you look so happy. What happened, Yuka?
> Yuka　：　（チャイム音）

問題　対話を聞いて，チャイム音の部分に入る発言として適切なものをア～エから1つ選び，記号を書きなさい。

ア　I feel tired now.　　　　　　　　　イ　I won the prize in the piano contest yesterday.

ウ　I lived there last year.　　　　　　エ　I'd like to know when they'll meet tomorrow.

▶ 対話や英文と質問(1つ)…対話や英文を聞き，質問の答えを選ぶ　 別冊　第3章

放送文
> A　：　What do you want to eat for lunch?
> B　：　Well... I'd like to have an omelet and some coffee. How about you, Tomoya?
> A　：　I'm very hungry. So I'd like to have a hamburger and some milk.
> B　：　Then, shall we eat at a cafeteria near the station?
> 質問します。　　　　What is Tomoya going to have for lunch?

問題　対話を聞いて，質問に合うものをア～エから1つ選び，記号を書きなさい。

ア．An omelet and some coffee.　　　イ．An omelet and some milk.

ウ．A hamburger and some coffee.　　エ．A hamburger and some milk.

▶ 対話と質問(複数)… 対話を聞き，複数の質問の答えを選ぶ　 別冊　第5章

放送文
> Miki:　Hi, Jim. What will you do this weekend?
> Jim:　Hi, Miki. On Saturday, I am going to go to see a popular movie in the new theater in front of the station.
> ↓この間省略
> Miki:　Well, shall I lend you the book? I think you can enjoy watching the movie more if you have some information about the team.
> Jim:　Yes, please. The book will be helpful for getting ready to watch the movie. Thank you very much.
> Question 1:　What was the thing Miki liked the best about the movie?
> Question 2:　What will Jim probably do before he watches the movie?

問題　対話を聞いて，それぞれの質問に合うものをア～エから1つ選び，記号を書きなさい。

(1)　ア　The actor.　　　イ　The history.　　　ウ　The story.　　　エ　The theater.

(2)　ア　He will listen to the music in the movie with Miki.
　　　イ　He will read the book which he is going to borrow.
　　　ウ　He will talk about the story of the movie with Miki.
　　　エ　He will get ready to write a book about the movie.

対策ポイント

対話と質問の問題では，単語を聞き取るだけでは答えを選べない問題が多い。音声を聞く前に選択肢を見比べて，流れる音声の内容を予想し，聞き取るべき内容をしぼろう。実際に音声を聞くときには，答えに関わりそうな内容をメモしよう。対話の中で日付，時刻などの数が出てきたときは，選択肢を選ぶのに計算が必要になることが多いので，数をメモしよう。

過去問題 A

「放送による聞き取りテスト」

問1　英語の質問を聞き、絵が示す内容に合う答えを選ぶ問題です。質問に対する答えとして最も適当なものを、続けて読まれるア〜ウの中から一つ選び、記号を書きなさい。

1番

2番

ケンの今週の予定		
曜日	時間	
日	9:00 a.m.	宿題
月	5:00 p.m.	図書館
火	6:00 p.m.	英語の塾
水	5:00 p.m.	図書館
木	5:00 p.m.	テニス
金	6:00 p.m.	買い物
土	10:00 a.m.	野球

問2　会話を聞いて答える問題です。会話のあとに続けて読まれる質問に対する答えとして最も適当なものを、ア〜ウの中から一つ選び、記号を書きなさい。

1番　ア　At a station.
　　　イ　At a gym.
　　　ウ　At a shop.

2番　ア　Science.
　　　イ　Math.
　　　ウ　English.

問3　会話を聞いて答える問題です。最後の発言に対する受け答えとして最も適当なものを、ア〜エの中から一つ選び、記号を書きなさい。

1番　ア　That's too bad.
　　　イ　Yes, you can play baseball.
　　　ウ　I'm fine, thank you.
　　　エ　No, it isn't.

2番　ア　It is ¥540.
　　　イ　Yes, it is.
　　　ウ　About 20 minutes by train.
　　　エ　This train does.

3番　ア　No, thank you.
　　　イ　Yes, I want them to go.
　　　ウ　I don't have time to have lunch.
　　　エ　I don't like orange juice.

問4　留学生のピーター（Peter）と中学生の香代（Kayo）が会話をしている場面です。会話のあとに続けて読まれる三つの質問に対する答えとして最も適当なものを、ア〜エの中から一つ選び、記号を書きなさい。

1番　ア　He gave his money to people.
　　　イ　He cleaned the park.
　　　ウ　He visited his friend.
　　　エ　He bought juice.

2番　ア　Cleaning parks.
　　　イ　Collecting bottles.
　　　ウ　Visiting old people.
　　　エ　Selling something.

3番　ア　They will go to the station.
　　　イ　They will sell something at a charity event.
　　　ウ　They will buy something to help people.
　　　エ　They will make juice.

問1	1番		2番			
問2	1番		2番			
問3	1番		2番		3番	
問4	1番		2番		3番	

過去問題 A 　放送文

これから、放送による聞き取りテストを行います。問題は、それぞれ2回ずつ放送します。放送中にメモをとってもかまいません。

では、問1の問題を始めます。これは、英語の質問を聞き、絵が示す内容に合う答えを選ぶ問題です。質問に対する答えとして最も適当なものを、続けて読まれるア～ウの中から一つ選び、記号を書きなさい。では、始めます。

1番　What is the cat under the table doing?
　　　ア　It's sleeping.　　　　　イ　It's eating fish.　　　　ウ　It's running.
　　　　　　　　　　　　　　　　　　　　　　　　　　　　　　　　　（約2秒おいて）繰り返します。（約5秒休止）

2番　When is Ken going to play tennis?
　　　ア　He is going to do it on Monday at 10 o'clock in the morning.
　　　イ　He is going to do it on Thursday at 5 o'clock in the afternoon.
　　　ウ　He is going to do it on Sunday at 5 o'clock in the afternoon.
　　　　　　　　　　　　　　　　　　　　　　　　　　　　　　　　　（約2秒おいて）繰り返します。（約5秒休止）
　　　[チャイムの音　一つ]

問2の問題に移ります。これは、会話を聞いて答える問題です。会話のあとに続けて読まれる質問に対する答えとして最も適当なものを、ア～ウの中から一つ選び、記号を書きなさい。では、始めます。

1番　*A*：Hello. May I help you?
　　　B：Yes, I want to buy a watch.
　　　A：How about this? This new one is very popular.
　　　B：It looks good. I'll take it.
　　　(Question)　Where are they talking?
　　　　　　　　　　　　　　　　　　　　　　　　　　　　　　　　　（約2秒おいて）繰り返します。（約5秒休止）

2番　*Takuya*：Do you like science, Naomi?
　　　Naomi：No, I don't. My favorite subjects are math and English. How about you, Takuya?
　　　Takuya：I don't like math. I like science the best.
　　　Naomi：Science is too difficult for me.
　　　(Question)　What is Takuya's favorite subject?
　　　　　　　　　　　　　　　　　　　　　　　　　　　　　　　　　（約2秒おいて）繰り返します。（約5秒休止）
　　　[チャイムの音　一つ]

問3の問題に移ります。これは、会話を聞いて答える問題です。最後の発言に対する受け答えとして最も適当なものを、ア～エの中から一つ選び、記号を書きなさい。では、始めます。

1番　*A*：How will the weather be tomorrow?
　　　B：It will be rainy.
　　　A：Oh, no. I will have sports day tomorrow.
　　　　　　　　　　　　　　　　　　　　　　　　　　　　　　　　　（約5秒おいて）繰り返します。（約5秒休止）

2番　*A*：Excuse me, could you help me?
　　　B：Sure.
　　　A：Which train goes to Hakata station?
　　　　　　　　　　　　　　　　　　　　　　　　　　　　　　　　　（約5秒おいて）繰り返します。（約5秒休止）

3番　*A*：Good evening. What do you want today?
　　　B：A cheeseburger and an orange juice, please.
　　　A：Anything else?
　　　　　　　　　　　　　　　　　　　　　　　　　　　　　　　　　（約5秒おいて）繰り返します。（約5秒休止）
　　　[チャイムの音　一つ]

問4の問題に移ります。留学生のピーター（Peter）と中学生の香代（Kayo）が会話をしている場面です。会話のあとに続けて読まれる三つの質問に対する答えとして最も適当なものを、ア～エの中から一つ選び、記号を書きなさい。では、始めます。

Kayo：Hello, Peter. I heard you did volunteer work yesterday. What did you do?
Peter：Hi, Kayo. Yes, I did. I cleaned the park near my house.
Kayo：Was it the first time for you to do volunteer work?
Peter：No, it wasn't. I did volunteer work many times in America.
Kayo：What did you do in America?
Peter：I usually sold something. It is very popular volunteer work.
Kayo：Tell me more.
Peter：It's a charity event. We sell juice to get money. We give the money to people who need it.
Kayo：It sounds good. I want to do it. Shall we try it here in Saga?
Peter：OK. What will we do then? How will we get money?
Kayo：How about collecting things which people don't use? We will have a charity event next month. We can sell those things at the charity event. We can get money and help people! I'll ask my family and my friends. They will help us.
Peter：Yes, please.
　　　　　　　　　　　　　　　　　　　　　　　　　　　　　　　　　　　　　　　（約5秒休止）

1番　What did Peter do yesterday?
　　　　　　　　　　　　　　　　　　　　　　　　　　　　　　　　　　　　　　　（約7秒休止）

2番　What is the popular volunteer work in America?
　　　　　　　　　　　　　　　　　　　　　　　　　　　　　　　　　　　　　　　（約7秒休止）

3番　What will they do next month?
　　　　　　　　　　　　　　　　　　　　　　　　　　　　　　　　　（約7秒おいて）繰り返します。（約7秒休止）

これで、放送による聞き取りテストを終わります。

過去問題 B

「放送による聞き取りテスト」

問1　英語の質問を聞き、絵が示す内容に合う答えを選ぶ問題です。質問に対する答えとして最も適当なものを、続けて読まれるア～ウの中から一つ選び、記号を書きなさい。

1番

2番

問2　会話を聞いて答える問題です。会話のあとに続けて読まれる質問に対する答えとして最も適当なものを、ア～ウの中から一つ選び、記号を書きなさい。

1番　ア　At a restaurant.
　　　イ　At a post office.
　　　ウ　At a library.

2番　ア　November 9th.
　　　イ　November 10th.
　　　ウ　November 17th.

問3　会話を聞いて答える問題です。最後の発言に対する受け答えとして最も適当なものを、
　　　ア〜エの中から一つ選び、記号を書きなさい。

　　1番　ア　I want you to help me.
　　　　　イ　It's time to go to bed.
　　　　　ウ　I'm sorry. I'm busy now.
　　　　　エ　I don't know what time it is.

　　2番　ア　Yes, let's.
　　　　　イ　You're welcome.
　　　　　ウ　The color is too bright.
　　　　　エ　You should try this one.

　　3番　ア　OK. I will.
　　　　　イ　No, thank you.
　　　　　ウ　I can use your dictionary.
　　　　　エ　No problem. Here you are.

問4　留学生のリアム（Liam）が英語の授業でスピーチをしている場面です。スピーチの
　　　あとに続けて読まれる三つの質問に対する答えとして最も適当なものを、ア〜エの中か
　　　ら一つ選び、記号を書きなさい。

　　1番　ア　He likes to go shopping.
　　　　　イ　He likes to choose his clothes.
　　　　　ウ　He likes to wear his school uniform.
　　　　　エ　He likes to talk about school uniforms.

　　2番　ア　It is not necessary.
　　　　　イ　Cleaning at home is more important.
　　　　　ウ　You should use the time for studying.
　　　　　エ　It is a good idea to have cleaning time at school.

　　3番　ア　It is longer than summer vacation in Japan.
　　　　　イ　American students don't often join a summer camp.
　　　　　ウ　It is too short for junior high school students in America.
　　　　　エ　American students can make friends living in foreign countries.

問1	1番		2番			
問2	1番		2番			
問3	1番		2番		3番	
問4	1番		2番		3番	

過去問題B　放送文

これから、放送による聞き取りテストを行います。問題は、それぞれ2回ずつ放送します。放送中にメモをとってもかまいません。

では、問1の問題を始めます。これは、英語の質問を聞き、絵が示す内容に合う答えを選ぶ問題です。質問に対する答えとして最も適当なものを、続けて読まれるア～ウの中から一つ選び、記号を書きなさい。では、始めます。

1番　How does the man go to work on a rainy day?
　　　ア　By car.　　　　　　　　　イ　By bike.　　　　　　　ウ　By bus.
　　　　　　　　　　　　　　　　　　　　　　　　　　　　　　　　（約2秒おいて）繰り返します。（約5秒休止）

2番　What is the man saying?
　　　ア　You can't take pictures.　　イ　You can't eat or drink.　　ウ　You can't talk on the phone.
　　　　　　　　　　　　　　　　　　　　　　　　　　　　　　　　（約2秒おいて）繰り返します。（約5秒休止）
　　[チャイムの音　一つ]

問2の問題に移ります。これは、会話を聞いて答える問題です。会話のあとに続けて読まれる質問に対する答えとして最も適当なものを、ア～ウの中から一つ選び、記号を書きなさい。では、始めます。

1番　A： May I help you?
　　　B： I want to send this letter to America. How much is it?
　　　A： It's 190 yen.
　　　(Question)　Where are they talking?
　　　　　　　　　　　　　　　　　　　　　　　　　　　　　　　　（約2秒おいて）繰り返します。（約5秒休止）

2番　A： Happy birthday, Akira.
　　　B： What? Today is not my birthday, Judy.
　　　A： Your birthday is November 10th, right?
　　　B： No, it's one week from now.
　　　(Question)　When is Akira's birthday?
　　　　　　　　　　　　　　　　　　　　　　　　　　　　　　　　（約2秒おいて）繰り返します。（約5秒休止）
　　[チャイムの音　一つ]

問3の問題に移ります。これは、会話を聞いて答える問題です。最後の発言に対する受け答えとして最も適当なものを、ア～エの中から一つ選び、記号を書きなさい。では、始めます。

1番　A： Are you free this afternoon?
　　　B： Yes, I am. But why?
　　　　　　　　　　　　　　　　　　　　　　　　　　　　　　　　（約5秒おいて）繰り返します。（約5秒休止）

2番　A： What can I do for you?
　　　B： I am looking for a red T-shirt.
　　　A： How about this one?
　　　　　　　　　　　　　　　　　　　　　　　　　　　　　　　　（約5秒おいて）繰り返します。（約5秒休止）

3番　A： Oh, no.
　　　B： What happened?
　　　A： I didn't bring my dictionary. Can I use yours?
　　　　　　　　　　　　　　　　　　　　　　　　　　　　　　　　（約5秒おいて）繰り返します。（約5秒休止）
　　[チャイムの音　一つ]

問4の問題に移ります。留学生のリアム（Liam）が英語の授業でスピーチをしている場面です。スピーチのあとに続けて読まれる三つの質問に対する答えとして最も適当なものを、ア～エの中から一つ選び、記号を書きなさい。では、始めます。

　　Hello, everyone. Today, I'm going to talk about the differences between schools in Japan and schools in America.
　　First, I was surprised that most Japanese students wear school uniforms. In America, we don't usually have school uniforms, so we can choose what to wear. I like to choose my clothes every morning. I also enjoy talking about clothes with my friends.
　　Second, students in Japan have cleaning time and keep their schools clean. In America, we don't have such a time. I think cleaning time at school is a very good thing.
　　Third, summer vacation in Japan is shorter than in America. Summer vacation in Japan is for about five weeks, but we have a ten-week vacation in America. During the long vacation, we often join a summer camp. We do many activities such as playing sports or drawing pictures. We can make a lot of friends from different places in America.
　　We may have more differences, so let's find them together to understand each other better.
　　（約5秒休止）

1番　What does Liam like to do every morning in America?
　　（約7秒休止）

2番　What does Liam think about cleaning time at school?
　　（約7秒休止）

3番　What does Liam say about summer vacation in America?
　　　　　　　　　　　　　　　　　　　　　　　　　　　　　　　　（約7秒おいて）繰り返します。（約7秒休止）

実践問題A

放送を聞いて，あとの各問いに答えなさい。

(1) 下の表についての英語による質問を聞いて，その質問に対する答えとして，**ア～エ**から最も適当なものを1つ選び，その記号を書きなさい。

名前	週末に行く予定の場所	一緒に行く予定の人
Tomoka	書店	父
Keiko	図書館	父
Alice	書店	母
Lucy	図書館	母

ア．Tomoka will.
イ．Keiko will.
ウ．Alice will.
エ．Lucy will.

(1)	

(2) 英語による対話を聞いて，それぞれの質問に対する答えとして，**ア～エ**から最も適当なものを1つ選び，その記号を書きなさい。

No. 1

ア．For a day.
イ．For two days.
ウ．For three days.
エ．For five days.

No. 2

ア．About the woman wearing a red sweater.
イ．About the woman walking with a boy.
ウ．About the woman wearing glasses.
エ．About the woman eating at the restaurant.

No. 3

ア．He wants to take a bath.
イ．He wants to ask some questions.
ウ．He wants to have dinner.
エ．He wants to know Sam's phone number.

(2)	No. 1		No. 2		No. 3	

(3) 英語による対話を聞いて，それぞれの対話の最後の英文に対する受け答えとして，
ア～ウから最も適当なものを1つ選び，その記号を書きなさい。

No. 1
- ア．It's my umbrella.
- イ．I haven't found it yet.
- ウ．It was in the car.

No. 2
- ア．Three days ago.
- イ．For three weeks.
- ウ．It took seven hours.

No. 3
- ア．I want to take care of you.
- イ．I'll take you to the nurse's office.
- ウ．I have a stomachache.

No. 4
- ア．It was too difficult, so I closed it.
- イ．It's not because it's for students.
- ウ．I'm glad that you like it very much.

(3)	No. 1	
	No. 2	
	No. 3	
	No. 4	

(4) シドニーにホームステイ中のKazuyaと，語学学校講師のMs. Hillとの英語による対話を聞いて，それぞれの質問に対する答えとして，ア～エから最も適当なものを1つ選び，その記号を書きなさい。

No. 1
- ア．The zoo and the aquarium.
- イ．The zoo and the museum.
- ウ．The aquarium and the museum.
- エ．The zoo, the aquarium, and the museum.

No. 2
- ア．Ms. Hill will.
- イ．Kazuya will.
- ウ．Kazuya and Ms. Hill will.
- エ．Ms. Hill and her friends will.

No. 3
- ア．At 10:30.
- イ．At 11:15.
- ウ．At 11:30.
- エ．At 12:15.

(4)	No. 1	
	No. 2	
	No. 3	

実践問題 A　放送文

　問題は，(1)，(2)，(3)，(4)の 4 つです。問題用紙の各問いの指示に従って答えなさい。聞いている間にメモを取ってもかまいません。
　それでは，(1)の問題から始めます。(1)の問題は，表を見て答える問題です。下の表についての英語による質問を聞いて，その質問に対する答えとして，**ア〜エ**から最も適当なものを 1 つ選び，その記号を書きなさい。質問は 2 回繰り返します。
　では，始めます。

Who will go to a bookstore with her father on the weekend?

　これで(1)の問題を終わり，(2)の問題に移ります。

　(2)の問題は，英語による対話を聞いて，質問に答える問題です。それぞれの質問に対する答えとして，**ア〜エ**から最も適当なものを 1 つ選び，その記号を書きなさい。対話は，No. 1，No. 2，No. 3の 3 つです。対話と質問は 2 回繰り返します。
　では，始めます。

No. 1　A : Hi, Sophia.　How was your spring vacation?
　　　　B : It was great.　I spent three days in Okinawa with my family.　On the first day, I swam in the sea, and I enjoyed shopping for the next two days.
　　　　A : That sounds good.
　　　　B : We wanted to stay there for five days, but we couldn't.　My father was too busy.

　　　　質問します。　　　How long did Sophia stay in Okinawa?

No. 2　A : Look at that woman.　I think I have seen her before, but I can't remember who she is.
　　　　B : Are you talking about the woman wearing a red sweater, Nancy?
　　　　A : No, Steve.　I'm talking about the woman who is walking with a boy wearing glasses.
　　　　B : Oh, we saw her at our favorite restaurant when we ate dinner there last week.　She sometimes works there.

　　　　質問します。　　　Who are Nancy and Steve talking about?

No. 3　A : Hey, Sam.　When you were taking a bath, Jack called you.
　　　　B : Oh, did he?　What did he say, Mom?
　　　　A : He has some questions to ask you about his homework.
　　　　B : OK.　I will call him after dinner.
　　　　A : Here is his phone number.
　　　　B : Thank you.

　　　　質問します。　　　What does Jack want to do?

　これで(2)の問題を終わり，(3)の問題に移ります。

(3)の問題は，英語による対話を聞いて，答える問題です。それぞれの対話の最後の英文に対する受け答えとして，**ア〜ウ**から最も適当なものを 1 つ選び，その記号を書きなさい。対話は，No. 1, No. 2, No. 3, No. 4 の 4 つです。対話は 2 回繰り返します。

では，始めます。

No. 1	A :	Did you find your umbrella, Naomi?
	B :	Yes, I did. I'm glad that I found it.
	A :	That's good. Where was it?
No. 2	A :	How was your summer vacation, Bob?
	B :	I had a great time with my family in London.
	A :	Oh, when did you come home?
No. 3	A :	How are you, Paul?
	B :	I don't feel well.
	A :	What's wrong?
No. 4	A :	What are you reading, Tom?
	B :	I'm reading a book I borrowed from the library yesterday, Saki.
	A :	Oh, it's written in English. Is it difficult?

これで(3)の問題を終わり，(4)の問題に移ります。

(4)の問題は，シドニーにホームステイ中の Kazuya と，語学学校講師の Ms. Hill との英語による対話を聞いて，質問に答える問題です。それぞれの質問に対する答えとして，**ア〜エ**から最も適当なものを 1 つ選び，その記号を書きなさい。対話と質問は 2 回繰り返します。

では，始めます。

Kazuya	:	Hi, Ms. Hill.
Ms. Hill	:	Hi, Kazuya. How was your weekend?
Kazuya	:	It was great. I went to the zoo, and I liked it very much.
Ms. Hill	:	It's very popular among tourists.
Kazuya	:	It was interesting to learn about animals that are only in Australia. I also went to the aquarium and enjoyed the dolphin show.
Ms. Hill	:	That's nice.
Kazuya	:	I wanted to go to the museum, but I didn't have time for that.
Ms. Hill	:	You can go there next weekend.
Kazuya	:	No, I can't. I will leave Sydney tomorrow afternoon. Today's English lesson was the last lesson for me. It was fun to learn English from you.
Ms. Hill	:	I'm glad you had a good time in my class.
Kazuya	:	I stayed here for two weeks, but I think it was too short.
Ms. Hill	:	What time are you going to leave here tomorrow?
Kazuya	:	At 2:30. I want to eat a nice fish for lunch before that. Do you know a good restaurant?
Ms. Hill	:	Yes. How about a restaurant in the airport? I often enjoy eating there with my friends when we travel. If you go to the airport early, you will have time to enjoy eating some delicious fish.
Kazuya	:	That's a good idea. It takes 45 minutes from the station to the airport by bus, so I will take a bus at 10:30 or 11:30.
Ms. Hill	:	You should take a bus at 10:30 in the morning because there will be less people.
Kazuya	:	OK. I will.
		質問します。
	No. 1	Where did Kazuya visit on the weekend?
	No. 2	Who will have lunch at the airport tomorrow?
	No. 3	What time will Kazuya arrive at the airport tomorrow?

実践問題 B

リスニングテスト（放送の指示にしたがって答えなさい。放送を聞きながらメモをとってもかまいません。）

(ア) チャイムのところに入るアキラの言葉として最も適するものを，次の 1 〜 4 の中からそれぞれ一つずつ選び，その番号を答えなさい。

No. 1　1. I ask the people working there about history.
　　　　2. You can learn about the history of our city there.
　　　　3. You can use the train to go to the library.
　　　　4. The city library is not near the hospital.

No. 2　1. Let's meet at nine thirty tomorrow.
　　　　2. How about going to a museum?
　　　　3. It will be fine tomorrow morning.
　　　　4. Shall we go to the zoo tomorrow?

No. 3　1. Yes. I am happy to meet your new dog.
　　　　2. Yes. You need to call me when you get there.
　　　　3. No. You have to keep the dog in the house.
　　　　4. No. I am thinking about what to call him.

(イ) 対話の内容を聞いて，それぞれの**質問**の答えとして最も適するものを，あとの 1 〜 4 の中から一つずつ選び，その番号を答えなさい。

No. 1　**質問 : What can we say about Paul?**
　　　　1. He has fun when he talks about the movie with his classmates.
　　　　2. He says that it is very easy to make movies.
　　　　3. He wants to make a movie with Miki for the school festival.
　　　　4. He made a movie for the festival with his classmates last year.

No. 2　**質問 : What can we say about Paul and Miki?**
　　　　1. Miki was happy to hear that Paul enjoyed playing the baseball game.
　　　　2. Paul and Miki went to the stadium to watch baseball together.
　　　　3. Paul and Miki watched a baseball game on Saturday.
　　　　4. Paul asked Miki to watch his baseball game at the stadium.

㈦ ケイタ（Keita）の高校で行われるオーストラリアへの研修旅行（School Trip）について，ブラウン先生が生徒に説明します。説明を聞いて，次のNo.1とNo.2の問いに答えなさい。

No.1 説明を聞いてケイタが作った次の**＜メモ＞**を完成させるとき，　①　～　③　の中に入れるものの組み合わせとして最も適するものを，あとの1～6の中から一つ選び，その番号を答えなさい。

＜メモ＞

The School Trip to Australia
● We will get to Australia next 　①　 .
● We can 　②　 in the park.
● We are going to study 　③　 subjects at school.
● We will arrive in Japan on Saturday.

1. ① Monday ② take pictures ③ three
2. ① Tuesday ② watch birds ③ three
3. ① Wednesday ② look at art ③ three
4. ① Monday ② look at art ③ four
5. ① Tuesday ② take pictures ③ four
6. ① Wednesday ② watch birds ③ four

No.2 説明を聞いてケイタがクラスメートのリエ（Rie）にあてて書いた次の**＜メッセージ＞**の（　　　）の中に適する1語を英語で書きなさい。ただし，答えは（　　　）内に指示された文字で書き始め，一つの _ には1文字が入るものとします。

＜メッセージ＞

Keita

Hi, Rie. We will talk about the last day of the school in Australia tomorrow. I want to study (s _ _ _ _ _ _). I want to learn about the *stars that can be seen from Australia. I also hope to learn about animals that are from Australia.

* stars：星

㈠	No.1	① ② ③ ④	㈢	No.1	① ② ③ ④ ⑤ ⑥
	No.2	① ② ③ ④		No.2	
	No.3	① ② ③ ④			
㈡	No.1	① ② ③ ④			
	No.2	① ② ③ ④			

実践問題B　放送文

問題は(ア)・(イ)・(ウ)の三つに大きく分かれています。放送を聞きながらメモをとってもかまいません。

それでは，**問題(ア)**に入ります。**問題(ア)**は，No.1 ～ No.3 まであります。Sarah と Akira が話をしています。まず Sarah が話し，次に Akira が話し，その後も交互に話します。対話の最後で Akira が話す言葉のかわりに（チャイムの音）というチャイムが鳴ります。そのチャイムのところに入る Akira の言葉として最も適するものを，**問題(ア)**の指示にしたがって答えなさい。まず，**問題(ア)**の指示を読みなさい。[間 7 秒] それでは，始めます。対話は 2 回ずつ放送します。[間 2 秒]

No. 1　[Sarah:]　I want to go to the city library after school, Akira. I'm going to learn about the history of our city there. Do you know where the library is?
　　　　[Akira:]　Yes, Sarah. It's not near our school. It's by the hospital. It has a lot of interesting books about our city. I like the library.
　　　　[Sarah:]　That's nice! How can I get there from school?
　　　　[Akira:]　(チャイム) [間 2 秒]

No. 2　[Sarah:]　Akira, let's take your little brother to the zoo tomorrow.
　　　　[Akira:]　Oh, but it will be rainy tomorrow. Let's visit another place.
　　　　[Sarah:]　OK. Where will we go?
　　　　[Akira:]　(チャイム) [間 2 秒]

No. 3　[Sarah:]　I heard you got a dog. Are you happy, Akira?
　　　　[Akira:]　Yes, I am. He is very cute. My grandmother gave him to me yesterday.
　　　　[Sarah:]　That's wonderful! I want to meet him soon. Does he have a name?
　　　　[Akira:]　(チャイム) [間 2 秒]

次に，**問題(イ)**に入ります。**問題(イ)**は，No.1 と No.2 があります。それぞれ同じ高校に通う Paul と Miki の対話を放送します。対話の内容を聞いて，問題冊子に印刷されているそれぞれの質問の答えとして最も適するものを，**問題(イ)**の指示にしたがって答えなさい。まず，**問題(イ)**の指示を読みなさい。[間 7 秒] それでは，始めます。対話は 2 回ずつ放送します。[間 2 秒]

No. 1　[Paul:]　Miki, what is your class going to do at the school festival?
　　　　[Miki:]　We are thinking about it. How about your class, Paul?
　　　　[Paul:]　Our class is making a movie. My classmates and I like to watch movies. We have some good ideas for our movie.
　　　　[Miki:]　That's cool! It's hard to make movies, right?
　　　　[Paul:]　Yes, but it's interesting. We always talk about our ideas. I enjoy it.
　　　　[Miki:]　I hope your movie will be good. I want to watch it at the festival. [間 4 秒]

No. 2　　[Paul:]　　**Miki, what did you do on Saturday ?**
　　　　　[Miki:]　　I went to Kamome Stadium to watch a baseball game with my family.
　　　　　[Paul:]　　**Really ? I watched that game on TV at home ! There were a lot of people in the stadium, right ?**
　　　　　[Miki:]　　Yes. I enjoyed watching the game with all of the people around us.
　　　　　[Paul:]　　**That's nice ! I hope we can watch a game at the stadium together.**
　　　　　[Miki:]　　Sure, let's do that ! ［間 4 秒］

　　最後に，**問題(ウ)**に入ります。**問題(ウ)**では，オーストラリアへの研修旅行についてのブラウン先生の説明を放送します。放送を聞き，**問題(ウ)**の指示にしたがって答えなさい。このあと，20 秒後に放送が始まりますので，それまで**問題(ウ)**の指示を読みなさい。［間 20 秒］それでは，始めます。英文は 2 回放送します。［間 2 秒］

　　Hello, everyone. The school trip will start next Monday. We are going to leave Japan at seven in the evening and arrive in Australia on the morning of the next day. After we arrive, we will do some exciting things. We will go to a new art museum first, and then we will go to a large beautiful park. Please take some nice pictures in the park and show them to your families later. On Wednesday, you will start to go to school. You will have classes for three days. On Wednesday and Thursday, all of you will study English, history, and music. On Friday, you will study one more subject together. What subject do you want to study ? Let's talk about it tomorrow. We will leave Australia on Saturday morning and arrive in Japan in the evening.

［間 4 秒］

実践問題C

放送によるリスニングテスト

テスト1　4つの対話を聞いて，対話の内容に関するそれぞれの問いの答えとして最も適切なものを，1～4から1つずつ選び，記号で答えなさい。

No. 1　1　Science.
　　　　2　Music.
　　　　3　English.
　　　　4　Math.

No. 2　1　Her dog.
　　　　2　Her uncle's dog.
　　　　3　Her teacher's dog.
　　　　4　Her grandfather's dog.

No. 3　1　Two days.
　　　　2　Three days.
　　　　3　Four days.
　　　　4　Five days.

No. 4　1　January 1.
　　　　2　January 2.
　　　　3　December 1.
　　　　4　December 2.

テスト2　4つの対話を聞いて，それぞれの対話に続く受け答えとして最も適切なものを，1～4から1つずつ選び，記号で答えなさい。

No. 1　1　Nice to meet you, too.
　　　　2　Thank you very much.
　　　　3　Good morning, Kazuo.
　　　　4　You're welcome.

No. 2　1　Then do you have another color?
　　　　2　No. Do you want a large one?
　　　　3　That's really good for you and me.
　　　　4　Yes. I like shopping very much.

No. 3　1　Really? You have a lot of homework.
　　　　2　All right. I think I can finish it soon.
　　　　3　Sorry. I am eating dinner with my brother now.
　　　　4　OK. You want to go to that restaurant with me.

No. 4　　1　Yes, I did so at the station.

　　　　2　No, I'm fine, thank you.

　　　　3　Well, you can take a bus there.

　　　　4　Then, the train was late again.

テスト3　中学生の Ken は，高校で英語の体験授業に参加している。次の【メモ】は，
　　　　Ken が ALT の Wilson 先生の話を聞きながら，授業のはじめに書いたものである。
　　　　　今から，そのときの Wilson 先生の話を聞いて，その内容に合うように，下線部
　　　　(A), (B), (C)にはそれぞれ話の中で用いられた英語1語を，下線部(D)には場面にふさ
　　　　わしい4語以上の英語を書きなさい。

【メモ】

| About today's class |

1. We should not be ＿＿＿(A)＿＿＿ of speaking English.

2. We should talk with students from ＿＿＿(B)＿＿＿ junior high schools.

　　We can make new ＿＿＿(C)＿＿＿.

| After the class |

　　We will ＿＿＿＿＿＿(D)＿＿＿＿＿＿. It's about the events at this school.

	No. 1	No. 2	No. 3	No. 4
テスト1				
	No. 1	No. 2	No. 3	No. 4
テスト2				

テスト3	(A)				(B)			(C)	
	(D)	We will _____ .							

実践問題C [放送文]

それでは，テスト1から始めます。テスト1の問題を読みなさい。
対話はNo.1からNo.4まで4つあり，それぞれの対話のあとに問いが続きます。なお，対話と問いは2回ずつくり返します。
それでは，問題に入ります。

No. 1　A:　Alex, what's your favorite subject?
　　　　B:　I like math very much. How about you, Sakura?
　　　　A:　I like music. Singing songs is fun.
　　　　Question:　What is Alex's favorite subject?　　　　　　　　　　　　　（対話と問いをくり返す。）

No. 2　A:　Hi, Haruka. You are walking a cute dog.
　　　　B:　Thanks, Pat. But this dog is not mine. My uncle lives near my house, and sometimes I walk his dog.
　　　　A:　Oh, I see.
　　　　Question:　Whose dog is Haruka walking?　　　　　　　　　　　　　　（対話と問いをくり返す。）

No. 3　A:　Shota, you're a good tennis player! Do you often practice tennis?
　　　　B:　Yes! I practice it on Monday, Tuesday, Thursday and Saturday every week.
　　　　A:　Wow, you practice it well.
　　　　Question:　How many days does Shota practice tennis every week?　　　（対話と問いをくり返す。）

No. 4　A:　When is your birthday, Yumi?
　　　　B:　It's December 2. Could you tell me your birthday, Mr. Smith?
　　　　A:　Well, my birthday is the first day of the year! So I can eat a birthday cake on New Year's Day!
　　　　Question:　When is Mr. Smith's birthday?　　　　　　　　　　　　　　（対話と問いをくり返す。）

次に，テスト2に移ります。テスト2の問題を読みなさい。
今から，対話を2回ずつくり返します。では，始めます。

No. 1　A:　Kazuo, look at this chocolate cake. I made it yesterday.
　　　　B:　Oh, it looks nice. Can I try it?
　　　　A:　Yes. Here you are.　　　　　　　　　　　　　　　　　　　　　　　（対話をくり返す。）

No. 2　A:　May I help you? Are you looking for a bag?
　　　　B:　Yes, I like this bag, but do you have a brown one?
　　　　A:　Sorry. We don't have that color right now.　　　　　　　　　　　　（対話をくり返す。）

No. 3　A:　John, dinner is ready.
　　　　B:　Can you wait for a few minutes, Mom? I want to finish my homework.
　　　　A:　No problem. Please do it first. Then you can enjoy your dinner.　　　（対話をくり返す。）

No. 4　A:　Excuse me. I'd like to go to the library. Can I go there by train?
　　　　B:　Well, you can go there by train. But you have to walk for about 20 minutes from the station.
　　　　A:　Oh, really? Are there any good ways to get there?　　　　　　　　　（対話をくり返す。）

次に，テスト3に移ります。テスト3の問題と，問題の下にある【メモ】を読みなさい。
今から，Wilson先生の話を2回くり返します。では，始めます。

　Hi, everyone. Welcome to our high school. I'm Mike Wilson. Today, you'll join our English class. Now, I'll tell you two important things for the class.
　First, don't be afraid of speaking English. You don't have to speak perfect English. The most important thing is to enjoy the communication. Second, try to talk with a lot of students. Today, students around you come from other junior high schools. I know it's not easy to talk to them. But it's a good chance to make new friends.
　After the class, I'll show you a short video. It's about the events like the school festival at this school. I hope you'll be interested in them. Now let's start the class!

　くり返します。　　　　　　　　　　　　　　　　　　　　　　　　　　　　（話をくり返す。）

≡≡≡≡ **過去問題 A** ≡≡≡≡

解答例

問１. １番…ア ２番…イ
問２. １番…ウ ２番…ア
問３. １番…ア ２番…エ ３番…ア
問４. １番…イ ２番…エ ３番…イ

解説

問１ １番 質問「テーブルの下にいるネコは何をしていますか?」…ア「眠っています」が適当。
　２番 質問「ケンはいつテニスをするでしょうか?」…イ「彼は木曜日の午後５時にそれをします」が適当。

問２ １番 質問「彼らはどこで話していますか?」…A「こんにちは。お手伝いしましょうか?」→B「はい。時計を買いたいです」→A「こちらはいかがですか?この新作はとても人気があります」→B「素敵ですね。それにします」より、店員と客の会話だから、ウが適当。　　２番 質問「タクヤの好きな教科は何ですか?」…タクヤ「ナオミ、理科は好き?」→ナオミ「いいえ、好きじゃないわ。私の好きな科目は数学と英語よ。あなたは、タクヤ?」→タクヤ「数学は好きじゃないよ。理科が１番好きだよ」→ナオミ「理科は私には難しすぎるわ」より、アが適当。

問３ １番 A「明日の天気はどうかしら?」→B「雨だよ」→A「そんなぁ。明日は運動会なの」の流れだから、ア「残念だね」が適当。　　２番 A「すみません、助けていただけますか?」→B「はい」→A「どの電車が博多駅に行きますか?」の流れだから、エ「この電車です」が適当。　　３番 A「こんばんは。今日は何になさいますか?」→B「チーズバーガーとオレンジジュースをお願いします」→A「他にはいかがですか?」の流れだから、ア「いいえ、結構です」が適当。

問４ 【放送文の要約】参照。
　１番 質問「ピーターは昨日何をしましたか?」
　２番 質問「アメリカで一般的なボランティア活動とは何ですか?」　　３番 質問「彼らは来月何をするでしょうか?」

【放送文の要約】

香代 ：こんにちは、ピーター。₁番ィ昨日はボランティア活動をしたんですってね。何をしたの?
ピーター：やぁ、香代。うん、そうなんだ。₁番ィ家の近所の公園を清掃したよ。
香代 ：ボランティア活動をしたのは初めて?
ピーター：いや、違うよ。アメリカでは何回もボランティア活動をしたよ。
香代 ：アメリカでは何をしたの?
ピーター：₂番ェだいたいいつも品物を売っていたよ。これはとても人気のボランティア活動だよ。
香代 ：もっと教えて。
ピーター：チャリティイベントだよ。お金を集めるためにジュースを売るんだよ。お金は必要としている人たちに寄付するんだ。
香代 ：いいわね。私もそれをやってみたいわ。佐賀でやってみましょうか?
ピーター：うん。じゃあ、何をしようか?どうやってお金を集めようか?
香代 ：₃番ィ人々が使わなくなった品物を集めるのはどう?来月チャリティイベントがあるの。それらの品物をチャリティイベントで売ることができるわ。お金を集めて人助けができるわ!家族や友達に頼んでみるね。力になってくれると思うわ。
ピーター：うん、そうして。

解答例

問1．1番…ウ　2番…ア

問2．1番…イ　2番…ウ

問3．1番…ア　2番…ウ　3番…エ

問4．1番…イ　2番…エ　3番…ア

解説

問1

1番　質問「その男の人は雨の日にどのようにして仕事に行きますか？」…ア「車です」　イ「自転車です」　ウ○「バスです」

2番　質問「その男の人は何と言っていますか？」…ア○「写真を撮ってはいけません」　イ「食べたり飲んだりしてはいけません」　ウ「電話で話してはいけません」

問2

1番　質問「彼らはどこで話をしていますか？」…Bの発言，I want to send this letter to America.　How much is it?「この手紙をアメリカへ送りたいです。いくらですか？」より，イが適当。

2番　質問「アキラの誕生日はいつですか？」…ジュディ（A）の2回目の発言，Your birthday is November 10th, right?「あなたの誕生日は11月10日だよね？」とそれに対する，アキラ（B）の2回目の発言，No, it's one week from now.「いや，今から1週間後だよ」より，ウが適当。

問3

1番　A「午後は自由な時間がある？」→B「うん，でもなぜ？」より，ア「あなたに手伝ってほしいな」が適当。

2番　A「何かお探しですか？」→B「赤いTシャツを探しています」→A「こちらはいかがですか？」より，ウ「この色は明るすぎます」が適当。

3番　A「困ったなぁ」→B「どうしたの？」→A「辞書を持ってこなかったよ。君のを使ってもいい？」より，エ「いいよ，どうぞ」が適当。　・Here you are.「どうぞ」

問4　【日本語訳】参照。

1番　質問「アメリカでリアムが毎朝する好きなことは何ですか？」

2番　質問「リアムは学校の掃除の時間についてどう思っていますか？」

3番　質問「リアムはアメリカの夏休みについて何と言っていますか？」

【日本語訳】

こんにちは，みなさん。今日僕は日本の学校とアメリカの学校のちがいについて話します。

最初に，僕はほとんどの日本人の生徒が制服を着ていることに驚きました。アメリカではふつう制服は着ないで，何を着るか選ぶことができます。1番僕は毎朝服を選ぶのが好きです。僕は友達と服について話すことも楽しんでいます。

次に，日本の生徒は掃除の時間があり，学校をきれいにしています。アメリカではそのような時間はありません。2番学校で掃除の時間があることはとてもよいことだと思います。

3番目に，3番日本の夏休みはアメリカよりも短いです。日本の夏休みは約5週間ですが，アメリカでは10週間あります。長い休みの間，僕らはしばしば夏合宿に参加します。スポーツをしたり絵を描いたりといった，たくさんの活動をします。アメリカのさまざまな場所出身の友達がたくさんできます。

もっとちがいがあるかもしれませんから，お互いをより理解するために一緒にさがしましょう。

解答例

(1)ア

(2)No. 1. ウ　No. 2. イ　No. 3. イ

(3)No. 1. ウ　No. 2. ア　No. 3. ウ　No. 4. イ

(4)No. 1. ア　No. 2. イ　No. 3. イ

解説

(1)　質問「週末に彼女の父と一緒に書店へ行くのは誰ですか？」…表から，アが適当。

(2)No. 1　質問「ソフィアはどれくらい（の期間）沖縄に滞在しましたか？」…ソフィア（Ｂ）の１回目の発言から，ウ「３日間」が適当。Ａ「やあ，ソフィア。春休みはどうだった？」→ソフィア「素晴らしかったわ。私は家族と沖縄に３日間滞在したの。初日は海で泳いで，次の２日間はショッピングを楽しんだの」→Ａ「それはいいね」→ソフィア「そこには５日間滞在したかったけれど，できなかったわ。父が多忙だったの」の流れ。

No. 2　質問「ナンシーとスティーブは誰について話をしていますか？」…ナンシー（Ａ）の２回目の発言から，イ「少年と歩いている女性について」が適当。ナンシー「あの女性を見て。前に会ったことがある気がするんだけど，誰だったか，思い出せないの」→スティーブ「赤いセーターを着ている女性のことかな，ナンシー？」→ナンシー「違うわ，スティーブ。メガネをかけた少年と歩いている女性のことよ」→スティーブ「ああ，先週，僕たちがお気に入りのレストランで夕食を食べた時に会ったんだよ。彼女は時々，そこで働いているよ」の流れ。

No. 3　質問「ジャックは何をしたいですか？」…サムの母（Ａ）の２回目の発言から，イ「彼はいくつか質問をしたい」が適当。サムの母「ねえ，サム。あなたがお風呂に入っている時に，ジャックから電話があったわ」→サム「ああ，ジャックから？何だって，お母さん？」→サムの母「宿題のことであなたに聞きたい質問があるそうよ」→サム「わかった。夕食の後で電話するよ」→サムの母「これが彼の電話番号よ」→サム「ありがとう」の流れ。

(3)No. 1　Ａ「ナオミ，君の傘は見つかった？」→Ｂ「ええ。見つかって嬉しかったわ」→Ａ「よかったね。どこにあったの？」に続くのは，ウ「車の中にあったわ」が適当。

No. 2　Ａ「ボブ，夏休みはどうだった？」→Ｂ「ロンドンで家族と一緒にとても楽しく過ごしたよ」→Ａ「そう，いつ帰って来たの？」に続くのは，ア「３日前だよ」が適当。

No. 3　Ａ「ポール，調子はどう？」→Ｂ「あまり調子が良くないんだ」→Ａ「どうしたの？」に続くのは，ウ「お腹が痛いんだ」が適当。

No. 4　Ａ「トム，何を読んでいるの？」→Ｂ「昨日，図書館から借りた本を読んでいるんだ，サキ」→Ａ「あら，英語で書かれているわ。難しい？」に続くのは，イ「学生向けだから，難しくないよ」が適当。

(4)【日本語訳】参照。

No. 1　質問「カズヤは週末どこを訪れましたか？」…カズヤの２，３回目の発言よりア「動物園と水族館」が適当。

No. 2　質問「明日，空港で昼食を食べるのは誰ですか？」…ヒル先生の７回目の発言と，カズヤの８回目の発言より，イ「カズヤです」が適当。カズヤがヒル先生おすすめのレストランに行くことにしたことを聞き取る。

No. 3　質問「明日，カズヤは何時に空港に着きますか？」…最後の２人のやりとりから，カズヤが10時30分のバスに乗るつもりで，空港まで45分かかることを聞き取る。

【日本語訳】

カズヤ　：こんにちは，ヒル先生。

ヒル先生：こんにちは，カズヤ。週末はどうだった？

カズヤ　：とても楽しかったです。No. 1 ア僕は動物園に行きました。動物園が大好きなんです。

ヒル先生：動物園は旅行客の間でとても人気があるわね。

カズヤ　：オーストラリアにしかいない動物について学ぶのはとても興味深いです。No. 1 ア水族館にも行って，イルカショーを楽しみました。

ヒル先生：それは良かったわね。

カズヤ　：博物館にも行きたかったのですが，時間がありませんでした。

ヒル先生：次の週末に行けるわよ。

カズヤ　：行けないんです。明日の午後，シドニーを発つんです。今日の英語の授業が最後です。先生から英語を教わるのは楽しかったです。

ヒル先生：私の授業を楽しんでくれて嬉しいわ。

カズヤ　：僕はここに２週間滞在しましたが，短すぎると思っています。

ヒル先生：明日，何時にここを発つの？

カズヤ　：２時30分です。その前に，昼食においしい魚を食べたいです。おすすめのレストランはご存知ですか？

ヒル先生：ええ。No. 2 イ空港にあるレストランはどうかしら？友達と旅行するとき，よくそこで食事を楽しむのよ。早めに空港へ行ったら，おいしい魚を楽しむ時間があるわ。

カズヤ　：No. 2 イそれはいいですね。駅から空港までバスだと45分かかるから，10時30分か，11時30分のバスに乗ります。

ヒル先生：No. 3 イ午前10時30分のバスに乗るといいわ，空いているから。

カズヤ　：No. 3 イわかりました，そうします。

解答例

(ア)No. 1. 3　No. 2. 2　No. 3. 4

(イ)No. 1. 1　No. 2. 3

(ウ)No. 1. 5　No. 2. science

解 説

(ア)No. 1　直前のサラの質問「学校からそこへどうやって行くの?」より，3「君は図書館へ行くために電車を使うことができるよ」が適切。

No. 2　サラの1回目の発言「明日，弟を動物園へ連れて行こうよ」とアキラの1回目の発言「でも明日は雨らしいよ。他の場所にしよう」と直前のサラの質問「どこへ行くの?」より，2「博物館はどう?」が適切。

No. 3　直前のサラの質問「彼(イヌ)には名前があるの?」より，4「いや，彼を何て呼ぶか考えているんだ」が適切。

(イ)No. 1　質問「ポールについて言えることは何ですか?」…ポールの最後の発言「僕らはいつも自分たちの考えを話しているよ。それが楽しいんだ」より，1「クラスメートと映画について話しているときに楽しい」が適切。

No. 2　質問「ポールとミキについて言えることは何ですか?」…ミキの1回目の発言「私は野球の試合を見るために家族とカモメスタジアムに行ったわ」とポールの2回目の発言「僕はその試合をテレビで見たよ」より，3「ポールとミキは土曜日に野球の試合を見た」が適切。

(ウ)【放送文の要約】参照。

No. 1　①「次の(　　)にオーストラリアに着く予定です」より，Tuesday「火曜日」が適切。　②「私たちは公園で(　　)ことができます」より，take pictures「写真を撮る」が適切。　③「私たちは学校で(　　)の教科を勉強する予定です」より，four「4つ」が適切。

No. 2　ケイタのメッセージ「やあ，リエ。明日，オーストラリアの学校での最後の1日について話をしようよ。僕は(　　)を勉強したいな。僕はオーストラリアで見られる星について学びたいんだ。僕はオ

ーストラリアの動物についても学びたいよ」より，science「理科」が適切。

【放送文の要約】

　みなさん，こんにちは。修学旅行は来週の月曜日からです。夜7時に日本を出発し，①翌日の朝，オーストラリアに到着します。到着後，わくわくするようなことをします。最初に新しい美術館に行き，次に大きく美しい公園に行きます。②公園で素敵な写真を撮り，あとで家族に見せてください。水曜日から，みなさんは学校に通い始めます。3日間の授業が組まれています。③水曜日と木曜日には，全員が英語，歴史，音楽を勉強します。金曜日に，一緒にもう1つの教科を勉強します。どんな教科を勉強したいですか?明日話し合いましょう。土曜日の朝にオーストラリアを出発し，夜に日本に到着します。

実践問題C

テスト1. No. 1…4　No. 2…2　No. 3…3
　　　　No. 4…1

テスト2. No. 1…2　No. 2…1　No. 3…2
　　　　No. 4…3

テスト3. (A)afraid　(B)other　(C)friends
　　　　(D)watch a short video

テスト1

No. 1 質問「アレックスの好きな教科は何ですか?」…B(アレックス)の発言「僕は数学がとても好きだよ」より,4「数学」が適切。

No. 2 質問「ハルカが散歩している犬は誰のものですか?」…B(ハルカ)の発言「私の叔父は近所に住んでいて,時々私が叔父の犬を散歩するの」より,2「彼女の叔父の犬」が適切。

No. 3 質問「ショウタは週に何日テニスを練習しますか?」…B(ショウタ)の発言「毎週月曜日,火曜日,木曜日,土曜日にそれを練習するよ」より,3「4日間」が適切。

No. 4 質問「スミスさんの誕生日はいつですか?」…A(スミスさん)の2回目の発言「私の誕生日は1年の最初の日だよ!」より,1「1月1日」が適切。

テスト2 No. 1 A「カズオ,このチョコレートケーキを見てよ。私が昨日作ったのよ」→B「おお,すばらしい。食べてもいい?」→A「いいわよ。どうぞ」→B「ありがとう」より,2が適切。

No. 2 A「いらっしゃいませ。かばんをお探しですか?」→B「はい,このかばんが気に入りました。でも茶色はありますか?」→A「すみません。その色は現在在庫がありません」→B「それじゃあ,別の色はありますか?」より,1が適切。

No. 3 A「ジョン,夕食の準備ができたわ」→B「お母さん,少し待ってくれない?宿題を終わらせたいんだ」→A「いいわよ。まずそれをやって。それから夕食を楽しめるわ」→B「わかった。すぐ終わると思う」より2が適切。

No. 4 A「すみません,図書館へ行きたいんですが,電車でそこに行けますか?」→B「うーん,電車で

もそこへ行けますが,駅から約20分歩かなければなりません」→A「おお,本当ですか?そこに行く何かいい方法はありますか?」→B「ええと,あなたはバスでそこへ行けますよ」より,3が適切。

テスト3 【日本語訳】参照。放送が始まる前に英文に目を通しておけば,答えを出しやすくなる。

(D) ウィルソン先生の発言 I'll show you a short video. の内容を,ケンが主語の文に書きかえる。

【日本語訳】

みなさんこんにちは。私たちの高校へようこそ。マイク・ウィルソンです。今日は,英語の授業に参加します。それでは,授業で重要な2つのことをお話しします。

まず,英語を話すこと (A)を恐れない(＝don't be afraid of)でください。みなさんは完璧な英語を話す必要はありません。最も重要なことは,コミュニケーションを楽しむことです。次に,たくさんの学生と話してみてください。今日,みなさんの周りの生徒は (B)他の(＝other)中学校から来ています。彼らと話すのは簡単ではないことを私はわかっています。でも,それは新しい (C)友達(＝friends)を作る良い機会です。

授業終了後, (D)みなさんに短いビデオを見せます。この学校の文化祭のようなイベントについてのものです。興味を持ってくれればうれしいです。では,授業を始めましょう!

高校入試対策

英語リスニング
練習問題

解 答 集

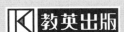

contents

※問題は別冊です

K 教英出版

入試本番に向けて

入試本番までにしておくこと

入試本番までに志望校の過去問を使って出題パターンを把握しておこう。英語リスニング問題は学校ごとに出題傾向があります。受験する学校の出題パターンに慣れておくことが重要です。

リスニング開始直前のチェックポイント

音声が流れるまでに問題文全体にざっと目を通そう。それぞれの問題で話題となる場面や登場人物をチェックしておこう。

✅ イラストを check !

英語リスニング問題ではイラストやグラフが使われることが多くあります。イラストなら**共通点と相違点を見つけて**，放送される事がらを予想しておこう。グラフなら**たて軸とよこ軸が何を表しているか**を見ておこう。

✅ 選択肢を check !

英文を選ぶ問題では，選択肢の登場人物，場所，日時などを事前に見つけ出して○やアンダーラインなどの "しるし" をつけておこう。また，選択肢の共通点と相違点を見つけて質問を予想しておこう。

✅ 数字表現を check !

英語リスニング問題で必ず出題されるのが数字表現です。問題に数を表したイラストや時間を表す単語などがあるときは，数字を意識して解く問題だと予想しておこう。あらかじめ，問題文の英単語を数字に置きかえてメモしておく（fifteen → 15）とよい。

リスニング本番中の心構え

✅ メモにとらわれない！

英語リスニング問題ではほとんどの場合，「放送中にメモを取ってもかまいません。」という案内があります。特に，長文を聴き取らなくてはならないときはメモは不可欠です。ただし，メモを取るときに注意すべきことがあります。それは，**メモを取ることに集中しすぎて音声を聴き逃さない**ことです。○やアンダーラインなど自分がわかる "しるし" をうまく活用して，「聴く」ことから気をそらさないようにしよう。

✅ 2回目は聴き方を変える！

放送文が1回しか読まれない入試問題もありますが，多くの場合は質問も含めて2回繰り返して読まれます。2回繰り返して読まれるときは，1回目と2回目で聴き方を変えます。1回目は状況や場面を意識し，（質問が先に放送される場合は，）2回目は質問に合う答えを出すことを意識しよう。1回目で答えがわかったときは，2回目は聴き違いがないか消去法を使って確実に聴き取ろう。

この解答集の特長と使い方

問題を解き終えたら，基本問題集（別冊）P1 ～ P2 の手順で答え合わせと復習をしよう。
解答集の左側のページにある QR コードを読み取ると，そのページの**さらに詳しい解説**を見ることができます。

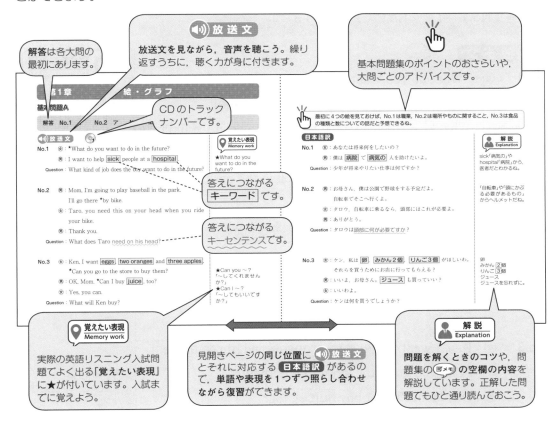

解答は各大問の最初にあります。

放送文
放送文を見ながら，音声を聴こう。繰り返すうちに，聴く力が身に付きます。

CDのトラックナンバーです。

基本問題集のポイントのおさらいや，大問ごとのアドバイスです。

答えにつながるキーワードです。

答えにつながるキーセンテンスです。

覚えたい表現 Memory work
実際の英語リスニング入試問題でよく出る「覚えたい表現」に★が付いています。入試までに覚えよう。

見開きページの同じ位置に **放送文** とそれに対応する **日本語訳** があるので，単語や表現を1つずつ照らし合わせながら復習ができます。

解説 Explanation
問題を解くときのコツや，問題集の（メモ）の空欄の内容を解説しています。正解した問題でもひと通り読んでおこう。

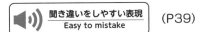

覚えたい表現 Memory work **まとめ** （P37 ～ 38）

「覚えたい表現」をおさらいしておこう。
このページの QR コードを読み取ると，グループ分けした「**覚えたい表現**」を見ることができます。

聞き違いをしやすい表現 Easy to mistake （P39）

「聞き違いをしやすい表現」を知っておこう。
このページの音声はＣＤや教英出版ウェブサイトで聴くことができます。

もっと **リスニング力** をつけるには

音声に合わせてシャドーイング（発音）してみよう！
正しい発音ができるようになると聴く力もぐんと上がります。まずは自分のペースで放送文を声に出して読んでみよう。次に音声に合わせて発音していこう。最初は聴こえたまま声に出し，慣れてきたら正しい発音を意識しよう。繰り返すうちに，おのずと正しい発音を聴き取る耳が鍛えられます。

音声を聴きながらディクテーション（書き取り）してみよう！
聴こえた英文を書き取る練習をしよう。何度も聴いて文が完成するまでトライしよう。聴き取れなかった単語や文がはっきりするので，弱点の克服につながります。また，英語を書く力も鍛えられます。

第1章　　　　絵・グラフ

基本問題A

解答　No.1　イ　　No.2　ア　　No.3　エ

 放送文

No.1　女：★What do you want to do in the future?

　　　男：I want to help sick people at a hospital .

　　　Question：What kind of job does the boy want to do in the future?

No.2　男：Mom, I'm going to play baseball in the park.

　　　　　I'll go there ★by bike.

　　　女：Taro, you need this on your head when you ride your bike.

　　　男：Thank you.

　　　Question：What does Taro need on his head?

No.3　女：Ken, I want eggs , two oranges and three apples .

　　　　　★Can you go to the store to buy them?

　　　男：OK, Mom. ★Can I buy juice , too?

　　　女：Yes, you can.

　　　Question：What will Ken buy?

覚えたい表現
Memory work

★What do you want to do in the future?
「あなたは将来何をしたいですか？」

★by bike
「自転車で」

★Can you 〜 ?
「〜してくれませんか？」
★Can I 〜 ?
「〜してもいいですか？」

基本問題B

解答　No.1　ア　　No.2　イ　　No.3　ア　　No.4　イ

 放送文

No.1　A man is ★looking at a clock on the wall .

　　　Question：Which person is the man?

No.2　It was snowing this morning, so I couldn't go to school by bike. I ★had to walk.

　　　Question：How did the boy go to school this morning?

覚えたい表現
Memory work

★look at 〜
「〜を見る」

★have to 〜
「〜しなければならない」

最初に４つの絵を見ておけば，No.1は職業，No.2は場所やものに関すること，No.3は食品の種類と数についての話だと予想できるね。

日本語訳

No.1 　（女）：あなたは将来何をしたいの？

　　　　　（男）：僕は 病院 で 病気の 人を助けたいよ。

　　　Question：少年が将来やりたい仕事は何ですか？

No.2 　（男）：お母さん，僕は公園で野球をする予定だよ。

　　　　　　　自転車でそこへ行くよ。

　　　　　（女）：タロウ，自転車に乗るなら，頭部にはこれが必要よ。

　　　　　（男）：ありがとう。

　　　Question：タロウは頭部に何が必要ですか？

No.3 　（女）：ケン，私は 卵 ，みかん２個 ，りんご３個 がほしいわ。

　　　　　　　それらを買うためにお店に行ってもらえる？

　　　　　（男）：いいよ，お母さん。ジュース も買っていい？

　　　　　（女）：いいわよ。

　　　Question：ケンは何を買うでしょうか？

解説 Explanation

sick「病気の」やhospital「病院」から，医者だとわかるね。

「自転車」や「頭にかぶる必要があるもの」からヘルメットだね。

卵
みかん ②個
りんご ③個
ジュース
ジュースを忘れずに。

４つの絵を見比べて，メモする内容を予想できたかな？ No.1は男性がしていること，No.2は天気と移動手段，No.3は少年の体調，No.4は時刻だね。

日本語訳

No.1 　男性が 壁 の 時計 を見ています。

　　　Question：その男性はどの人ですか？

No.2 　今朝は 雪が降って いたので，私は学校に自転車で行けませんでした。私は歩かなければなりませんでした。

　　　Question：その少年は今朝，どうやって学校へ行きましたか？

解説 Explanation

clock「掛け時計／置き時計」より，**ア**だね。

"snowing"，"walk"が聞き取れれば，**イ**とわかるね。

- 4 -

No.3　囡：★What's the matter?

　　　　男：Well, I've had a stomachache since this morning. I didn't have it ★last night.

　　　　囡：That's too bad. Are you all right?

　　Question：When did the boy have a stomachache?

> **覚えたい表現**
> Memory work
>
> ★What's the matter?
> 「どうしたの？」
> ★last night「昨夜」

No.4　囡：Good morning, Kanta. Did you sleep well last night?

　　　　男：Yes, Judy. I ★went to bed at eleven last night and ★got up at seven this morning.

　　　　囡：Good. I could only sleep ★for six hours.

　　Question：What time did Kanta get up this morning?

> ★go to bed
> 「寝る」
> ★get up「起きる」
> ★for ～（期間を表す言葉）「～の間」

練習問題A

解答　No.1　ア　　No.2　エ　　No.3　ア　　No.4　ウ

No.1　囡：Ah, I hope it will ★stop raining soon.

　　　　男：It was sunny yesterday.

　　　　囡：Yes. But the TV says we will have snow this afternoon.

　　　　男：Really? ★How about tomorrow?

　　　　囡：It will be cloudy.

　　Question：How will the weather be tomorrow?

> **覚えたい表現**
> Memory work
>
> ★stop ～ing
> 「～することをやめる」
>
> ★How about ～？
> 「～はどうですか？」

No.2　男：★Thank you for giving me a birthday present, Mary. I like the bag very much.

　　　　囡：I'm happy you like it, Kenta. Oh, you're wearing a nice T-shirt today.

　　　　男：This is a birthday present from my sister. And my mother made a birthday cake ★for me.

　　　　囡：Great. But you wanted a computer, right?

　　　　男：Yes, I got one from my father!

　　Question：What did Kenta get from his father?

> ★Thank you for ～ ing.
> 「～してくれてありがとう」
>
> ★for ～（対象を表す言葉）「～のために」

No.3　㊛：どうしたの？

　　　㊚：うーん，今朝からずっとお腹が痛いんです。

　　　　　昨夜は痛くなかったのですが。

　　　㊛：それは大変ね。大丈夫？

　　　Question：少年はいつお腹が痛かったですか？

解説
Explanation

昨夜
お腹が痛くない。
今朝
お腹が痛い。

No.4　㊛：おはよう，カンタ。昨夜はよく眠れた？

　　　㊚：うん，ジュディ。昨夜は11時に寝て，今朝は７時に起きたよ。

　　　㊛：いいね。私は６時間しか眠れなかったわ。

　　　Question：カンタは今朝何時に起きましたか？

質問に
this morning「今朝」
とあるから起きた時
刻の午前７時だね。

No.1は天気，No.2は誕生日プレゼント，No.3は時刻，No.4はクラスのアンケート結果に
ついてメモしよう。No.3は計算が必要だね。

日本語訳

No.1　㊛：ああ，すぐに雨が止んでほしいわ。

　　　㊚：昨日は晴れていたのに。

　　　㊛：ええ。でもテレビによると，今日の午後は雪らしいわ。

　　　㊚：本当に？　明日はどう？

　　　㊛：くもりらしいわ。

　　　Question：明日の天気はどうですか？

解説
Explanation

昨日：晴れ
現在：雨
今日午後：雪
明日：くもり
質問はtomorrow
「明日」だからくもり
だね。

No.2　㊚：誕生日プレゼントをありがとう，メアリー。

　　　　　バッグをとても気に入ったよ。

　　　㊛：気に入ってくれてよかったわ，ケンタ。

　　　　　あら，今日は素敵なTシャツを着ているわね。

　　　㊚：これは姉（妹）からの誕生日プレゼントなんだ。

　　　　　母も僕のために誕生日ケーキを作ってくれたんだ。

　　　㊛：すてき。でもあなたはパソコンがほしかったんでしょ？

　　　㊚：そうだよ，父からもらったよ！

　　　Question：ケンタは父から何をもらいましたか？

メアリー：バッグ
姉（妹）：Tシャツ
母：誕生日ケーキ
父：パソコン
質問はfather「父」か
らもらったものだか
ら，パソコンだね。

No.3　㊛：The movie will start at 11:00.

　　　　　★What time shall we meet tomorrow, Daiki?

　　　㊚：How about meeting at the station at 10:30, Nancy?

　　　㊛：Well, I want to go to a bookstore with you before the movie starts. Can we meet earlier?

　　　㊚：All right. Let's meet at the station fifty minutes before the movie starts.

　　　㊛：OK. See you tomorrow!

Question：What time will Daiki and Nancy meet at the station?

> **覚えたい表現**
> **Memory work**
>
> ★What time shall we meet?
> 「何時に待ち合わせようか？」

No.4　㊛：Tsubasa, look at this!

　　　　　We can see the most popular sports in each class.

　　　㊚：Soccer is ★the most popular in my class, Mary.

　　　㊛：Soccer is popular in my class, too.

　　　　　But volleyball is more popular.

　　　㊚：I see. And many of my classmates want to play softball.

　　　　　I want to try it, too!

　　　㊛：Really? ★No students in my class want to play softball.

Question：Which is Mary's class?

> ★the＋最上級＋in
> ＋○○
> 「○○の中で最も…」
>
> ★no＋人
> 「(人)が1人もいない」

練習問題B

解答　No.1　ア　　No.2　ウ　　No.3　ア　　No.4　ウ

No.1　㊛：Kota, what a nice room!

　　　㊚：Thank you! Do you know what this is, Judy?

　　　㊛：No. ★I've never seen it before. Is it a table?

　　　㊚：Yes, but this is not just a table.

　　　　　This also ★keeps us warm in winter.

Question：What are they talking about?

>
> **覚えたい表現**
> **Memory work**
>
> ★I've never ～.
> 「私は一度も～したことがない」
>
> ★keep＋人／もの
> ＋状態「(人／もの)
> を(状態)に保つ」

No.3　🚺：映画は11時に始まるわ。

　　　　　　明日は何時に待ち合わせようか，ダイキ？

　　　　🚹：10時半に駅で待ち合わせるのはどう，ナンシー？

　　　　🚺：そうねぇ，私は映画が始まる前にあなたと書店に行きたいわ。

　　　　　　もっと早く待ち合わせできる？

　　　　🚹：いいよ。映画が始まる50分前に駅で会おう。

　　　　🚺：わかったわ。また明日ね！

　　Question：ダイキとナンシーは何時に駅で待ち合わせますか？

解 説
Explanation

11時に映画が始まる。その50分前に待ち合わせるから，**ア**の「10時10分」だね。fifty「50」は前にアクセント，fifteen「15」は後ろにアクセントがあるよ。

No.4　🚺：ツバサ，これを見て！

　　　　　　それぞれのクラスで1番人気のあるスポーツがわかるわ。

　　　　🚹：僕のクラスではサッカーが1番人気だね，メアリー。

　　　　🚺：サッカーは私のクラスでも人気よ。

　　　　　　でも，バレーボールの方がもっと人気だわ。

　　　　🚹：そうだね。それから，僕のクラスメートの多くはソフトボールをやりたいようだよ。僕もやってみたいな！

　　　　🚺：本当？私のクラスではソフトボールをやりたい生徒はいないいわ。

　　Question：メアリーのクラスはどれですか？

ツバサのクラス：
サッカーが1位
ソフトボールが人気

メアリーのクラス：
サッカーよりバレーボールが人気
ソフトボールが0人

 グラフの問題の音声を聞くときは，1番多い（少ない）もの，増加，減少などをメモしよう。
消去法も有効だよ。

日本語訳

No.1　🚺：コウタ，何て素敵な部屋なの！

　　　　🚹：ありがとう！これは何か知ってる，ジュディ？

　　　　🚺：いいえ。一度も見たことがないわ。テーブルかしら？

　　　　🚹：そうだよ，でもこれはただのテーブルではないんだ。

　　　　　　これは冬に僕らを温めてもくれるんだ。

　　Question：彼らは何について話していますか？

解 説
Explanation

ただのテーブルではなく，温めてくれるもの→「こたつ」だね。

★school festival
「学園祭」
★look ～
「～のように見える」
★next to ～
「～のとなりに」

No.2　男：Kate, this is a picture of our music band.

　　　　We played some songs at the ★school festival this year.

　　　　It was a wonderful time for us!

　　　女：You ★look excited, Hiroshi.

　　　　Who is the student playing the guitar ★next to you?

　　　男：He is Ryosuke. He plays the guitar well, and the other student playing the guitar is Taro.

　　　女：I see. The student playing the drums is Takuya, right?

★I hear (that) ～.
「～だそうだ」
★be good at ～ ing
「～することが得意だ」

　　　　★I hear he ★is good at singing, too.

　　Question：Which boy is Hiroshi?

No.3　It was interesting to know what activity you enjoyed the best in my English class.

★be glad to ～
「～してうれしい」
★over ～「～以上」
★make a speech
「スピーチをする」
★the number of ～
「～の数」

I ★was glad to know that ★over ten students chose ★making speeches. Eight students chose reading stories, and ★the same number of students chose writing diaries.

Maybe you can guess the most popular activity among you. It was listening to English songs.

★keep ～ ing
「～し続ける」

I hope you will ★keep enjoying English.

　　Question：Which graph is the speaker explaining?

No.4　Look at the graph.

This is a graph of the number of visitors to the art museum which was built in 2014 in our city.

★go up「増加する」

The number kept ★going up until 2016.

★go down
「減少する」

But the next year, it ★went down 20%.

The numbers in 2017 and 2018 were the same.

　　Question：Which graph is the speaker explaining?

No.2　　（男）：ケイト，これは僕らの音楽バンドの写真だよ。

　　　　　　　僕らは今年学園祭で何曲か演奏したんだ。

　　　　　　　僕らにとってすばらしい時間だったよ！

　　　　（女）：興奮しているようね，ヒロシ。

　　　　　　　あなたのとなりでギターを弾いているのは誰？

　　　　（男）：彼はリョウスケだよ。彼はギターが上手なんだ，そしてもう1人，ギターを弾いているのがタロウだよ。

　　　　（女）：そうなの。ドラムをたたいているのはタクヤね？

　　　　　　　彼は歌も上手だそうね。

　　　　Question：どの少年がヒロシですか？

解説
Explanation

ギター：
リョウスケとタロウ
ドラム：タクヤ
ヒロシはリョウスケのとなりにいる**ウ**だね。

No.3　　私の英語の授業の中で，みなさんが何の活動を一番楽しんだかがわかって興味深かったです。

　　　　私は，10人以上の生徒がスピーチをすることを選んでくれたと知って，うれしく思いました。8人の生徒が物語を読むことを選び，同じ人数の生徒が日記を書くことを選びました。

　　　　みなさんのあいだで一番人気があったものはたぶん想像がつくと思います。

　　　　英語の歌を聞くことでした。

　　　　これからもずっと英語を楽しんでほしいです。

　　　　Question：話し手が説明しているのはどのグラフですか？

音声を聞く前にグラフの項目名を見ておこう。
スピーチ：10人以上
物語：8人
日記：物語と同じ人数
英語の歌：最も人気

これらの情報から**ア**を選べるね。

No.4　　グラフを見て下さい。

　　　　これは，2014年に私たちの市に建てられた美術館の，来場者数のグラフです。

　　　　その数は2016年まで増加し続けました。

　　　　しかし，次の年に20％減少しました。

　　　　2017年と2018年は同数でした。

　　　　Question：話し手が説明しているのはどのグラフですか？

増減に着目しよう。
「2016年まで増加」
「2017年と2018年は同数」より，**ウ**だね。

第2章　　　　次の一言

基本問題

解答	No.1	イ	No.2	ウ	No.3	イ	No.4	ア

🔊 **放送文**　💿5

No.1 　(女)：★Have you ever been to a foreign country?

　　　　(男)：Yes. I went to Australia last year.

　　　　(女)：Oh, I see. How long did you stay there?

> ア　By plane.　(イ) **For six days.**　ウ　With my family.

No.2 　(女)：★May I help you?

　　　　(男)：Yes, I'm ★looking for a blue jacket.

　　　　(女)：How about this one?

> ア　Here you are.　イ　I'm just looking.　(ウ) **It's too expensive for me.**

No.3 　(女)：★What are you going to do this weekend?

　　　　(男)：I'm going to ★go fishing in the sea with my father if it's sunny.

　　　　(女)：Really? That will be fun.

> ア　Sorry, I'm busy.　(イ) **I hope the weather will be nice.**
> ウ　Nice to meet you.

No.4 　(女)：Hello.

　　　　(男)：Hello, this is Mike. ★May I speak to Yoko?

　　　　(女)：I'm sorry. She isn't at home now.

> (ア) **OK. I'll call again later.**　イ　Shall I take a message?
> ウ　Hello, Yoko. How are you?

📍 **覚えたい表現**
Memory work

★Have you ever been to ～?
「～に行ったことがありますか？」

★May I help you?
「お手伝いしましょうか？／いらっしゃいませ」
★look for ～
「～を探す」

★What are you going to do?
「何をするつもりですか？」
★go fishing
「釣りに行く」

★May I speak to ～?
「（電話で）～さんをお願いできますか？」

最後の英文をメモできたかな。質問ならばそれに合う答えを選び, 質問でなければ, 話の流れから考えよう。消去法も有効だよ。

解 説
Explanation

No.1　⼥：外国に行ったことはある？

　　　　　男：うん。去年, オーストラリアに行ったよ。

　　　　　⼥：あら, そうなの。そこにはどれくらい滞在したの？

ア　飛行機だよ。　　イ　6日間だよ。　　ウ　家族と一緒にだよ。

最後の英文
How long 〜?
「(期間をきいて)どれくらい〜？」より,
返答はFor 〜.
「〜間です」だね。

No.2　⼥：お手伝いしましょうか？

　　　　　男：はい, 青いジャケットを探しています。

　　　　　⼥：こちらはいかがですか？

ア　はい, どうぞ。　　イ　見ているだけです。　　ウ　私には値段が高すぎます。

最後の英文
How about this one?
「こちらはいかがですか？」より, 返答は**ウ**だね。

No.3　⼥：この週末は何をするつもりなの？

　　　　　男：晴れたら, 父と海に釣りに行くつもりだよ。

　　　　　⼥：本当に？それは楽しそうね。

ア　ごめん, 僕は忙しいんだ。　　イ　天気が良いことを願うよ。
ウ　会えてうれしいよ。

最後の英文が質問ではない。その前に「晴れたら…」と言っているので, 話の流れからイだね。

No.4　⼥：もしもし。

　　　　　男：もしもし, マイクです。ヨウコさんをお願いできますか？

　　　　　⼥：ごめんね。彼女は今家にいないわ。

ア　わかりました。あとでかけ直します。　　イ　伝言を預かりましょうか？
ウ　やあ, ヨウコ。元気？

電話で相手が不在だった場合, 電話をかけた側がよく使う表現を選ぶよ。ふさわしいのは**ア**だね。

練習問題

解答　No.1　エ　　No.2　ウ　　No.3　イ　　No.4　ア

🔊 放送文　◎6

No.1　(男)：Hello?

　　　　(女)：This is Natsuki. May I speak to Jim, please?

　　　　(男)：I'm sorry, but ★you have the wrong number.

> ア　I don't know your phone number.
> イ　I see. Do you want to leave a message?
> ウ　Can you ask him to call me?
> (エ)　I'm so sorry.

★You have the wrong number.
「番号が違っています」

No.2　(男)：Have you finished cooking?

　　　　(女)：No. ★I've just washed the tomatoes and carrots.

　　　　(男)：OK. Can I help you?

> ア　Sorry. I haven't washed the tomatoes yet.
> イ　I don't think so. Please help me.
> (ウ)　Thanks. Please cut these carrots.
> エ　All right. I can't help you.

★I've just＋過去分詞.
「ちょうど〜したところだ」

No.3　(女)：It's so hot today. Let's have something to drink.

　　　　(男)：Sure. I know a good shop. It ★is famous for fruit juice.

　　　　(女)：Really?　★How long does it take to get there from here by bike?

> ア　Ten o'clock in the morning.　(イ)　Only a few minutes.
> ウ　Four days a week.　エ　Every Saturday.

★be famous for 〜
「〜で有名である」
★How long does it take to 〜?
「〜するのにどれくらい時間がかかりますか？」

No.4　(男)：Whose notebook is this? ★There's no name on it.

　　　　(女)：Sorry, Mr. Jones. It's mine.

　　　　(男)：Oh, Ellen. You should write your name on your notebook.

> (ア)　Sure. I'll do it now.　イ　No. I've never sent him a letter.
> ウ　Yes. You found my name on it.　エ　Of course. I finished my homework.

★There is no 〜.
「〜がない」

最後の英文を聞き取って、メモできたかな？質問や提案に対する受け答えを注意深く選ぼう。

日本語訳

No.1　（男）：もしもし？

　　　　　（女）：ナツキです。ジムさんをお願いできますか？

　　　　　（男）：すみませんが、番号が違っています。

> ア　私はあなたの電話番号を知りません。
> イ　わかりました。伝言を残したいですか？
> ウ　私に電話するよう彼に伝えてくれますか？
> エ　失礼しました。

No.2　（男）：料理は終わった？

　　　　　（女）：いいえ。ちょうどトマトとニンジンを洗ったところよ。

　　　　　（男）：よし、手伝おうか？

> ア　ごめん。私はまだトマトを洗い終えていないの。
> イ　そうは思わないわ。私を手伝って。
> ウ　ありがとう。ニンジンを切って。
> エ　わかったわ。私は手伝えないわ。

No.3　（女）：今日はとても暑いわ。何か飲みましょう。

　　　　　（男）：いいね。いい店を知っているよ。フルーツジュースで有名なんだ。

　　　　　（女）：本当に？自転車でそこに行くのにどれくらい時間がかかるの？

> ア　午前10時だよ。　　イ　ほんの数分だよ。
> ウ　週に4日だよ。　　エ　毎週土曜日だよ。

No.4　（男）：これは誰のノートかな？名前が書いてないな。

　　　　　（女）：すみません、ジョーンズ先生。私のです。

　　　　　（男）：おお、エレン。ノートには自分の名前を書いておくべきだよ。

> ア　わかりました。すぐにそうします。
> イ　いいえ。彼に手紙を送ったことはありません。
> ウ　はい。あなたはそこに私の名前を見つけましたよね。
> エ　もちろんです。私は宿題を終えました。

解説
Explanation

男性の「番号が違っています」に対して、エ「失礼しました」以外は不適切だね。

男性の提案「手伝おうか？」に対して、ウ「ありがとう。ニンジンを切って」以外は不適切だね。

How long does it take to 〜?「〜するのにどれくらい時間がかかりますか？」に対して、イ Only a few minutes.「ほんの数分」以外は不適切だね。

先生から「ノートには自分の名前を書いておくべきだよ」と言われたことに対して、ア「わかりました。すぐにそうします」以外は不適切だね。

第3章　　対話や英文と質問（1つ）

基本問題

解答　No.1　エ　　No.2　ア　　No.3　ウ

No.1　Mike finished his homework.

He was very hungry.

His mother said, "Dinner *is ready.

Please *tell Dad to come to the dining room."

So he went to his father.

Question : What is Mike's mother going to do?

ア　She is going to do Mike's homework with her husband.
イ　She is going to cook dinner in the dining room.
ウ　She is going to go to the dining room with Mike.
エ　She is going to eat dinner with her husband and Mike.

> ★be ready
> 「準備ができている」
> ★tell＋人＋to〜
> 「（人）に〜するように言う」

No.2　女：Tom, how's the pizza?

男：It's delicious, Lisa. I like your pizza very much.

女：Thank you. *Would you like some more?

Question : What will Tom say next?

ア　Yes, please. I want more.　イ　Help yourself, Lisa.
ウ　I'm sorry. I can't cook well.　エ　Of course. You can take it.

> ★Would you like some more?
> 「もう少しいかが？」
> （食べ物などを勧めるときの表現）

No.3　女：I want this black pen . *How much is it?

男：Now we're having a sale. It's 1,500 yen this week.

女：I'll take it. It's a birthday present for my father.

Question : Where are they?

ア　They are in the nurse's office.　イ　They are in the library.
ウ　They are at a stationery shop.　エ　They are at a birthday party.

> ★How much 〜?
> 「〜はいくらですか？」

選択肢を読み比べておくと，誰の何について質問されるかをある程度予想できるよ。対話を聞きながら，人の名前や行動などをメモしよう。

日本語訳

No.1　マイクは宿題を終えました。

彼はとてもお腹がすいていました。

母親が言いました。「夕食の準備ができたわ。

お父さんにダイニングに来るように言って」

それで彼は父親のところに行きました。

Question：マイクの母親は何をするつもりですか？

ア　彼女は夫と一緒にマイクの宿題をするつもりです。
イ　彼女はダイニングで夕食を作るつもりです。
ウ　彼女はマイクとダイニングに行くつもりです。
エ　彼女は夫とマイクと一緒に夕食を食べるつもりです。

解 説
Explanation

マイク：宿題が終わった。おなかがすいた。父親を呼びに行く。
母親：夕食の準備ができた。
つまり，これから3人で夕食を食べるので，エだね。

No.2　(女)：トム，ピザはどう？

(男)：おいしいよ，リサ。僕は君のピザが大好きだよ。

(女)：ありがとう。もう少しいかが？

Question：トムは次に何を言うでしょうか？

ア　うん，お願い。もっとほしい。　イ　自由に取ってね，リサ。
ウ　ごめん。うまく料理できないんだ。　エ　もちろん。取っていいよ。

リサがトムに「もう少しいかが？」と勧めているので，アだね。

No.3　(女)：私はこの 黒いペン を買いたいです。おいくらですか？

(男)：ただいまセール中です。今週は1500円です。

(女)：それをいただきます。父への誕生日プレゼントなんです。

Question：彼らはどこにいますか？

ア　彼らは保健室にいます。　イ　彼らは図書館にいます。
ウ　彼らは文具店にいます。　エ　彼らは誕生日会にいます。

黒いペンを売っている店だから，ウのstationery shop「文具店」だね。

練習問題

解答 No.1 ア No.2 イ No.3 ア No.4 イ

 放送文  8

No.1 男：I'm going to buy a birthday present for my sister. Lisa, can you go with me?

女：Sure, Ken.

男：★Are you free tomorrow?

女：Sorry, I can't go tomorrow. When is her birthday?

男：Next Monday. Then, how about this Saturday or Sunday?

女：Saturday is fine with me.

男：Thank you.

女：What time and where shall we meet?

男：How about at eleven at the station?

女：OK. See you then.

Question：When are Ken and Lisa going to buy a birthday present for his sister?

ア This Saturday. イ This Sunday. ウ Tomorrow. エ Next Monday.

★Are you free?
「（時間が）空いている？」

No.2 女：Hello?

男：Hello. This is Tom. Can I speak to Eita, please?

女：Hi, Tom. I'm sorry, he ★is out now.
Do you ★want him to call you later?

男：Thank you, but I have to go out now. ★Can I leave a message?

女：Sure.

男：Tomorrow we are going to do our homework at my house. ★Could you ask him to bring his math notebook?
I have some questions to ask him.

女：OK, I will.

Question：What does Tom want Eita to do?

ア To do Tom's homework. イ To bring Eita's math notebook.
ウ To call Tom later. エ To leave a message.

★be out
「外出している」
★want＋人＋to ～
「（人）に～してほしい」
★Can I leave a message?
「伝言をお願いできますか？」

★Could you ～?
「～していただけませんか？」

音声を聞く前に選択肢を読み比べて，質問される人や内容を考えておこう。対話が長いので，ポイントをしぼってメモをとろう。

日本語訳

No.1

（男）：姉（妹）の誕生日プレゼントを買おうと思っているんだ。リサ，一緒に来てくれない？

（女）：いいわよ，ケン。

（男）：明日は空いてる？

（女）：ごめんね，明日は行けないわ。彼女の誕生日はいつ？

（男）：次の月曜日だよ。じゃあ，この土曜日か日曜日はどう？

（女）：土曜日は都合がいいわ。

（男）：ありがとう。

（女）：何時にどこで待ち合わせる？

（男）：11時に駅でどうかな？

（女）：ええ。じゃあそのときね。

Question：ケンとリサはいつ彼の姉（妹）の誕生日プレゼントを買うつもりですか？

⑦ この土曜日。　イ　この日曜日。　ウ　明日。　エ　次の月曜日。

 解説 Explanation

選択肢より，曜日に注意してメモをとろう。This Saturday.「この土曜日」の**ア**だね。

No.2

（女）：もしもし？

（男）：もしもし。トムです。英太さんをお願いできますか？

（女）：こんにちは，トム。ごめんね，彼は今外出しているわ。あとでかけ直すようにしましょうか？

（男）：ありがとうございます，でもすぐに外出しないといけないんです。伝言をお願いできますか？

（女）：いいわよ。

（男）：明日，僕の家で一緒に宿題をすることになっています。数学のノートを持ってくるよう彼に頼んでいただけませんか？彼にいくつか尋ねたいことがあるんです。

（女）：わかったわ，伝えておくわね。

Question：トムが英太にしてほしいことは何ですか？

ア　トムの宿題をすること。　　④　**数学のノートを持ってくること。**
ウ　あとでトムに電話すること。　エ　伝言を残すこと。

選択肢より，英太がトムに対してすること（トムが英太にしてほしいこと）を選ぼう。トムは3回目の発言で**イ**の内容の伝言を伝えたんだね。

No.3

女：Hi, Mike. *What kind of book are you reading?

男：Hi, Rio. It's about *ukiyoe* pictures. I learned about them last week.

女：I see. You can see *ukiyoe* in the city art museum now.

男：Really? I want to visit there.
In my country, there are some museums that have *ukiyoe*, too.

女：Oh, really? I *am surprised to hear that.

男：I have been there to see *ukiyoe* once.
I want to see them in Japan, too.

女：I went to the city art museum last weekend.
It was very interesting. You should go there.

Question：Why was Rio surprised?

> ㋐ Because Mike said some museums in his country had *ukiyoe*.
> イ Because Mike learned about *ukiyoe* last weekend.
> ウ Because Mike went to the city art museum in Japan last weekend.
> エ Because Mike didn't see *ukiyoe* in his country.

No.4

女：Hello, Hiroshi. How was your holiday?

男：It was great, Lisa. I went to Kenroku-en in Kanazawa. It is a beautiful Japanese garden.

女：How did you go there?

男：I took a train to Kanazawa from Toyama.
Then I wanted to take a bus from Kanazawa Station, but there were many people. So I *decided to walk.

女：Oh, really? How long did it take *from the station to Kenroku-en?

男：About 25 minutes. I saw many people from other countries.

女：I see. Kanazawa is an *international city.

Question：Which is true?

> ア It took about 25 minutes from Toyama to Kanazawa.
> ㋑ Hiroshi walked from Kanazawa Station to Kenroku-en.
> ウ Hiroshi went to many countries during his holiday.
> エ Hiroshi took a bus in Kanazawa.

覚えたい表現
Memory work

★What kind of ～?
「どんな種類の～？」

★be surprised to ～
「～して驚く」

★decide to ～
「～することに決める
／決心する」
★from A to B
「AからBまで」

★international
「国際的な」

No.3　　女：こんにちは，マイク。どんな本を読んでいるの？

　　　　男：やあ，リオ。浮世絵についての本だよ。先週それらについ
　　　　　　て学んだんだ。

　　　　女：そうなの。今，市立美術館で浮世絵を見ることができるよ。

　　　　男：本当に？そこに行きたいな。
　　　　　　僕の国にも，浮世絵のある美術館があるよ。

　　　　女：え，本当に？それを聞いて 驚いた わ。

　　　　男：僕は一度そこに浮世絵を見に行ったことがあるよ。
　　　　　　日本でも見たいな。

　　　　女：先週末，市立美術館に行ったの。
　　　　　　とても面白かったわ。あなたも行くべきよ。

　　Question：なぜリオは驚きましたか？

> ㋐ マイクが彼の国の美術館に浮世絵があると言ったから。
> イ　マイクが先週末に浮世絵について学んだから。
> ウ　マイクが先週末に日本の市立美術館に行ったから。
> エ　マイクが彼の国で浮世絵を見なかったから。

No.4　　女：こんにちは，ヒロシ。休みはどうだった？

　　　　男：すばらしかったよ，リサ。金沢の兼六園に行ったよ。
　　　　　　美しい日本庭園だよ。

　　　　女：そこにはどうやって行ったの？

　　　　男：富山から金沢まで電車に乗ったよ。
　　　　　　そして金沢駅からはバスに乗りたかったけれど，とても
　　　　　　たくさんの人がいたんだ。それで僕は歩くことにしたよ。

　　　　女：まあ，本当？駅から兼六園までどれくらい時間がかかったの？

　　　　男：約25分だよ。外国から来たたくさんの人を見たよ。

　　　　女：なるほど。金沢は国際都市ね。

　　Question：どれが正しいですか？

> ア　富山から金沢まで約25分かかった。
> ㋑ ヒロシは金沢駅から兼六園まで歩いた。
> ウ　ヒロシは休みの間にたくさんの国に行った。
> エ　ヒロシは金沢でバスに乗った。

解説
Explanation

選択肢が全て
Because Mike ～ .
マイクが言ったことは
・浮世絵についての
　本を読んでいる。
・浮世絵のある美術
　館が自国にもある。
・自国の美術館に浮
　世絵を見に行った
　ことがある。
・日本でも浮世絵を
　見たい。
質問は「リサが驚い
た理由」だから，アだ
ね。

選択肢から以下の
キーワードにしぼっ
て，音声の同様の単
語に注意しよう。
ア 25 minutes
イ walk
ウ many countries
エ bus
アはヒロシの３回目，
イ，エは２回目の発
言にあるけど，ウは
音声にはないね。ヒ
ロシは金沢駅から兼
六園まで歩いたの
で，イだね。

第４章　語句を入れる

基本問題

解答　No.1　(ア) 土　(イ) ２時 30 分　(ウ) 青
No.2　(ア) 博物館〔別解〕美術館　(イ) 150　(ウ) 生活〔別解〕暮ら

放送文　9

No.1

㊛：David, the festival will ★be held ア from Friday to Sunday, right?

㊚：Yes, Kyoko. I'm going to join the dance event at the music hall ア★on the second day.

㊛：That's great! Can I join, too?

㊚：Sure. It will start at イ three in the afternoon.
Let's meet there イ 30 minutes before that.
We will wear ウ blue T-shirts when we dance.
Do you have one?

㊛：Yes, I do. I'll bring it.

No.2

㊚：What is this building, Kate? It looks very old.

㊛：This is a ア museum, Eita.
It was built about イ 150 years ago and used as a school.

㊚：What can we see here?

㊛：You can see how people ウ lived ★a long time ago.
★Shall we go inside now?

㊚：OK. Let's go.

覚えたい表現 Memory work

★be held「開催される」

★on the second day「2日目に」

★a long time ago「昔」

★Shall we ～？「(一緒に)～しましょうか？」

音声を聞く前に空欄を見て，どのような語句が入るか予想しよう。数を聞き取る問題は，アクセントに注意しよう。

日本語訳

解説
Explanation

No.1　(女)：デイビッド，お祭りは ァ 金曜日から日曜日まで 開催されるのよね？

(男)：そうだよ，教子。僕は ァ 2日目に 音楽ホールで行われるダンスイベントに参加する予定だよ。

(女)：いいわね！私も参加していい？

(男)：いいよ。それは午後 ィ 3時 に始まるよ。
ィ 30分前（＝午後2時30分）に現地で待ち合わせしよう。
僕らはダンスをするときに ゥ 青いTシャツ を着るんだ。
持っている？

(女)：ええ，持っているわ。それを持っていくね。

お祭り：
金曜日～日曜日
ダンスイベント：
2日目
開始時刻：午後 3 時
集合時刻：30分前
Tシャツの色：青色

No.2　(男)：この建物は何だろう，ケイト？とても古そうだね。

(女)：これは ァ 博物館 よ，英太。
約 ィ 150 年前に建てられて，学校として使われたの。

(男)：ここでは何を見ることができるの？

(女)：昔の人々がどのように ゥ 生活していた かを見られるわ。
では中に入りましょうか？

(男)：うん。行こう。

ア
museum「博物館／美術館」を聞き取ろう。
イ
one hundred and fifty（＝150）
fiftyのアクセントに注意。fiftyのアクセントは前にあるよ。
ウ
how以下が間接疑問。
lived「生活していた」を聞き取ろう。

練習問題

解答　No.1　（ア）Sunday　（イ）11 (in the morning)　No.2　（ア）learn　（イ）Thursday

 放送文

No.1

　男：Hi, Lisa. This is Mike. How's everything?

　女：Great, thanks. *What's up?

　男：My brother is coming to Fukuoka next Friday and will stay here for three weeks.
　　　How about going to a ramen shop together?
　　　He has wanted to eat ramen in Fukuoka *for a long time.

　女：Oh, there's a good ramen shop near my house.
　　　Let's go there.

　男：That's great. He will be glad to hear that.
　　　When and where shall we meet?

　女：Can you come to my house at ｲeleven in the morning next Saturday?
　　　Then we can walk to the ramen shop together.

　男：I'm sorry, I can't. I'm busy until three in the afternoon that day.
　　　How about *ｲthe same time next ｱSunday?

　女：All right. Can I *invite my friend Nancy?

　男：Sure. See you then. Bye.

No.2

　男：Thank you for coming to our concert today, Aya. How was it?

　女：Wonderful! Everyone was great. You especially played the violin very well, James. I really enjoyed the concert.

　男：I'm glad to hear that.

　女：I want to play the violin, too. ｱCan you teach me *how to play it?

　男：ｱSure. ｲI'm free every Thursday.
　　　Please come to my house and we can practice together.

　女：That's nice! Can I visit you next ｲThursday?

　男：Of course.

覚えたい表現
Memory work

★What's up?
「どうしたの？」

★for a long time
「長い間／ずっと」

★the same time
「同じ時間」
★invite ～
「～を招く／誘う」

★how to ～
「～する方法」

- 23 -

音声で流れない語句を答えなくてはならない場合もあるよ。そのようなときは，前後の内容から考えて語句を導き出そう。

日本語訳

解 説
Explanation

No.1　男：もしもし，リサ。マイクだよ。元気？

　　　女：元気よ。どうしたの？

　　　男：兄（弟）が今度の金曜日に福岡に来て，３週間いるんだ。
　　　　　一緒にラーメン屋に行かない？
　　　　　兄（弟）がずっと福岡のラーメンを食べたいって言っててさ。

　　　女：それなら家の近くにおいしいラーメン屋があるわよ。
　　　　　そこに行こうよ。

　　　男：やったあ。兄（弟）もそれを聞いたら喜ぶよ。
　　　　　いつどこで待ち合わせをしようか？

　　　女：今度の土曜日，ｲ 午前11時 に私の家に来られる？
　　　　　歩いて一緒にラーメン屋まで行けるわ。

　　　男：ごめん，無理だ。その日は午後３時まで忙しいんだ。
　　　　　今度の ｱ 日曜日 の ｲ 同じ時間 はどう？

　　　女：いいわよ。友達のナンシーも誘っていい？

　　　男：もちろんだよ。じゃあそのときね。バイバイ。

ラーメン屋に行く曜日と時間を答える問題だね。
リサ：土曜日午前11時を提案。
マイク：日曜日の同じ時間を提案。

No.2　男：今日はコンサートに来てくれてありがとう，アヤ。どうだった？

　　　女：素敵だったわ！みんな上手だった。特にあなたはバイオリンをとても上手に演奏していたね，ジェームス。
　　　　　本当にいいコンサートだったわ。

　　　男：それを聞いてうれしいよ。

　　　女：私もバイオリンを弾いてみたいわ。ｱ 弾き方を教えてくれない？

　　　男：ｱ いいよ。ｲ 毎週木曜日は時間があるよ。
　　　　　僕の家においでよ，それなら一緒に練習できるよ。

　　　女：ありがとう！次の ｲ 木曜日 に行ってもいい？

　　　男：もちろんだよ。

ｱ
ジェームスはアヤにバイオリンを教える＝アヤはジェームスからバイオリンを学ぶ。learn「学ぶ」が適切だよ。音声で流れない単語を書く難問だね。practice を入れると後ろのfrom youと合わないから不適切だね。

ｲ
Thursday「木曜日」を聞き取ろう。

－ 24 －

第5章　　　　　対話と質問（複数）

基本問題

| 解答 | No.1　イ | No.2　ア | No.3　イ | No. 4　ア |

 放送文　

男：Hello, Ms. Brown.

女：Hi, Kenji. You don't look well today. ★What happened?

男：Last week we had a basketball game.

I was ★so nervous that I couldn't play well.

No.1 イFinally, our team lost the game.

女：Oh, I understand how you feel.

I played basketball for ten years in America.

I felt nervous during games, too.

男：Oh, did you? No.2 ァI always ★feel sorry for my friends in my team when I make mistakes in the game.

女：Kenji, I had the same feeling. When I made a mistake in the game, I ★told my friends that I was sorry.

But one of my friends said, "Don't feel sorry for us. We can ★improve by making mistakes. You can try again!"

She told me with a big smile.

Her words and smile ★encouraged me.

★Since then, I have ★kept her words in mind.

男：Thank you, Ms. Brown. I learned a very important thing from you. No.4 ァNow I believe that I can improve my basketball skills by making mistakes.

女：Great, Kenji! I'm glad to hear that. No.3 イWhen is your next game?

男：Oh, No.3 イit's in November. Please come to watch our game!

女：Sure. I'm ★looking forward to seeing it. Good luck.

男：Thank you, Ms. Brown. I'll ★do my best.

覚えたい表現
Memory work

★What happened?
「何かあった？」

★so…that ～
「とても…なので～」

★feel sorry for ～
「～に申し訳なく思う」

★tell＋人＋that ～
「(人)に～と言う」

★improve
「上達する」

★encourage ～
「～を励ます」
★since then
「それ以来」
★keep ～ in mind
「～を心に留める」

★look forward to ～ing
「～することを楽しみにする」
★do one's best
「ベストを尽くす」

音声を聞く前に問題文や選択肢を読んでおこう。対話が長いので，集中力を切らさず，答えに関する内容を正しく聞き取ってメモしよう。

日本語訳

男：こんにちは，ブラウン先生。

女：あら，ケンジ。今日は元気がないわね。何かあった？

男：先週，バスケットボールの試合がありました。

とても緊張してうまくプレーできなかったんです。

No.1 ィ結局，僕らのチームは試合に負けてしまいました。

女：まあ，私はあなたの気持ちがわかるわ。

私はアメリカで10年間バスケットボールをしていたの。

私もゲーム中に緊張していたわ。

男：先生もですか？ No.2 ァ僕は試合でミスをしたとき，いつもチームの友達に申し訳なく思います。

女：ケンジ，私も同じ気持ちだったわ。試合で自分がミスをしたとき，

友達に謝っていたの。

でも，友達の1人が，「申し訳なく思うことはないわ。

私たちはミスをすることで上達するの。

また挑戦すればいいのよ！」と満面の笑みで言ってくれたのよ。

彼女の言葉と笑顔に励まされたわ。

それ以来，彼女の言葉を心に留めているの。

男：ありがとうございます，ブラウン先生。僕は先生からとても大切なことを学びました。 No.4 ァ今はミスをすることによってバスケットボールの技術を上達させられると信じています。

女：すごい，ケンジ！それを聞いてうれしいわ。No.3 ィ次の試合はいつ？

男：ああ，No.3 ィ11月にあります。僕たちの試合を見に来てください！

女：いいわ。試合を見るのを楽しみにしているわ。がんばってね。

男：ありがとうございます，ブラウン先生。ベストを尽くします。

解 説 Explanation

・先週の試合でケンジのチームは負けた。

・ブラウン先生はアメリカで10年間バスケットボールをしていた。

・ケンジはミスをすると友達に申し訳ないと思う。

・ブラウン先生はミスをすると友達に謝っていた。

・しかし，ブラウン先生の友達がまた挑戦すればいいと言った。その言葉と笑顔に励まされた。

・ケンジはブラウン先生からとても大切なことを学んだ。今ではミスをすることでバスケットボールの技術が上達すると信じている。

・ケンジの次の試合は11月にある。

・ブラウン先生は試合を楽しみにしている。

・ケンジはベストを尽くすつもりだ。

練習問題

解答　No.1　イ　　No.2　イ　　No.3　エ　　No.4　エ

 放送文　 12

覚えたい表現
Memory work

(女)：Hi, Daiki. What will you do during the spring vacation?

(男)：My family will spend five days in Tokyo with my friend, Sam. He is a high school student from Sydney. I met him there.

(女)：I see. No.1 イ <u>Did you live in Sydney?</u>

(男)：No.1 イ <u>Yes. My father worked there when I was a child.</u> Sam's parents *asked my father to take care of Sam in Japan. No.2 イ <u>He will come to my house in Osaka next week.</u>

★ask＋人＋to 〜
「（人）に〜するように頼む」

(女)：Has he ever visited Japan?

(男)：No, he hasn't. I haven't seen him for a long time, but we often send e-mails to *each other.

★each other
「お互いに」

(女)：How long will he stay in Japan?

(男)：For ten days. No.3 エ <u>Have you ever been to Tokyo, Cathy?</u>

(女)：No.3 エ <u>No, but I'll visit there this May with my friend, Kate.</u> She lives in America. Do you often go to Tokyo?

(男)：Yes. My grandmother lives there.
We will visit the zoo and the museum with her.
We will also go shopping together.

(女)：*That sounds good. Sam will be very glad.

★That sounds good.
「それはいいね」

(男)：I hope so. Well, I sent him a book about Tokyo which has *a lot of beautiful pictures.

★a lot of 〜
「たくさんの〜」

(女)：Cool. I also want to give a book like that to Kate because No.4 エ <u>she likes taking pictures of beautiful places.</u> *Actually, she has been to many foreign countries to take pictures.

★actually
「実際に／実は」

(男)：That's interesting. I like taking pictures, too.
So I want to see the pictures she took in other countries.

(女)：OK. I'll tell her about that.

(男)：Thank you.

Question No.1：Where did Daiki live when he was a child?

Question No.2：Who will come to Daiki's house next week?

Question No.3：Has Cathy visited Tokyo before?

Question No.4：What does Kate like to do?

ダイキとキャシーの対話。ダイキの友達のサムと，キャシーの友達のケイトも出てくるよ。
音声を聞きながら，誰が何をしたかをメモしよう。

日本語訳

解 説
Explanation

女：こんにちは，ダイキ。春休みは何をするの？

男：家族で，友達のサムと一緒に東京に５日間滞在するよ。サムはシドニー出身の高校生だよ。僕はシドニーで彼と知り合ったんだ。

女：そうなんだ。 No.1ｲ あなたはシドニーに住んでいたの？

男：No.1ｲ そうだよ。僕が子どものころ，父がシドニーで働いていたんだ。サムの両親が，日本に行くサムの面倒を見てくれるよう父に頼んだんだよ。
　　No.2ｲ サムは来週，大阪の我が家に来るよ。

女：彼は日本に来たことがあるの？

男：ないよ。僕も長いこと彼に会っていないんだ，でもお互いによくメールを送り合っているよ。

女：彼は日本にどのくらい滞在するの？

男：10日間だよ。No.3ｴ キャシーは東京に行ったことある？

女：No.3ｴ いいえ，でも友達のケイトと，今年の５月に行くつもりよ。彼女はアメリカに住んでいるわ。あなたはよく東京に行くの？

男：うん。祖母が住んでいるんだ。
　　僕たちは，祖母と一緒に動物園と博物館に行く予定だよ。
　　それから一緒に買い物にも行くつもりなんだ。

女：それはいいわね。サムはとても喜ぶと思うわ。

男：そうだといいな。そういえば，僕はサムに，素敵な写真がたくさん載っている東京に関する本を送ったんだよ。

女：いいわね。私もそういう本をケイトに送りたいわ，No.4ｴ 彼女は美しい場所の写真を撮るのが好きだから。
　　実は，彼女は写真を撮るためにたくさん外国に行っているのよ。

男：それは興味深いな。僕も写真を撮るのが好きだよ。
　　だから彼女が外国で撮った写真を見たいな。

女：わかった。彼女にそう伝えておくわ。

男：ありがとう。

Question No.1：ダイキは子どものころ，どこに住んでいましたか？

Question No.2：来週，誰がダイキの家に来ますか？

Question No.3：キャシーは以前，東京に行ったことがありますか？

Question No.4：ケイトは何をするのが好きですか？

No.1
ダイキについての質問だね。ダイキは幼少期にシドニーに住んでいたと言っているね。

No.2
ダイキの家に来るのは，ダイキの友達のサムだね。

No.3
キャシーは，東京に行く予定はあるけれど，まだ行ったことはないと言っているね。Has Cathy 〜？と聞かれたから，No, she hasn't. と答えよう。

No.4
キャシーが友達のケイトの好きなことを紹介しているね。

第６章　　　　英文と質問（複数）

基本問題

解答　No.1　ア　　No.2　エ　　No.3　ウ

Today is the last day before summer vacation.

From tomorrow, you'll have twenty-five days of vacation and I'll give you some homework to do.

For your homework, you must write a report about the problems in the *environment and you must use *more than one hundred English words.

We've *finished reading the textbook about the problems in the environment.

So, No.1 ア in your report, you must write about *one of the problems in the textbook that is interesting to you.

*The textbook says that there are many kinds of problems like water problems or fires in the mountains.

No.2 エ The textbook also says that everyone in the world must continue thinking about *protecting the environment from these problems.

If you want to know more about it, use the Internet or books in the city library.

No.3 ウ Please give me your report at the next class.

I hope you enjoy this homework and have a good vacation.

覚えたい表現
Memory work

★environment
「環境」
★more than ～
「～以上」
★finish ～ ing
「～し終える」

★one of ～
「～の１つ」

★the textbook says
(that)～「教科書に
は～と書いてある」

★protect A from B
「BからAを守る」

音声を聞く前に，問題文，質問，選択肢の内容から，聞き取るべきキーワードをイメージできたかな？それらのキーワードに関連する部分を中心にメモをとろう。

今日は夏休み前の最終日です。

明日からみなさんは25日間の休暇に入るので，宿題を出します。

みなさんは宿題として，環境問題についてのレポートを書いてください，なお，英単語を100語以上使わなければいけません。

私たちは環境問題についての教科書を読み終えました。

ですから No.1 ァレポートでは，教科書の中で自分の興味がある問題の1つについて書いてください。

教科書には，水問題や山火事のような，多くの種類の問題があると書いてあります。

No.2 ェまた，教科書には，世界中の誰もが，これらの問題から環境を守ることを考え続けなければいけない，とも書いてあります。

もっと詳しく知りたい人は，インターネットや市立図書館にある本を利用してください。

No.3 ゥレポートは，次の授業で私に提出してください。

みなさんがこの宿題を楽しみ，良い休暇を過ごすことを願っています。

・夏休み 前の
　最終日。明日から
　25 日間の休みに入る。
・環境 問題についてのレポートを書く。
　英単語を 100 語以上使う。
・環境問題 についての 教科書 を読み終えた。
・教科書 の中で 興味 がある問題を選ぶ。
・教科書 には 世界中 の誰もが環境を 守ること について考え続けなければならないと書いてある。
・詳しく知りたい人は インターネット や 市立図書館 の本を利用する。
・次の授業 でレポートを提出する。

練習問題

解答　No.1　イ　　　No.2　エ　　　No.3　ウ　　　No.4　イ

 放送文　🔘14

Today, I'll tell you about my grandmother's birthday party.

Before her birthday, I talked about a birthday present for her with my father and mother.

My father said, "Let's go to a cake shop and buy a birthday cake." No.1 イ My mother said, "That's a good idea. I know a good cake shop." But when I saw my bag, I had another idea. I said, "No.2 エ My grandmother made this bag ★as my birthday present last year, so I want to make a cake for her."

They agreed.

No.3 ウ On her birthday, I started making the cake at nine in the morning. My father and mother helped me because that was ★my first time. I finished making it at one in the afternoon.

We visited my grandmother at six and started the party for her.

First, we enjoyed a special dinner with her.

After that, I showed her the cake.

When she saw it, she said, "Wow, did you make it? I'm so happy. Thank you, Kyoko."

I ★was happy to hear that.

No.4 イ Then we ★sang a birthday song for her and ate the cake with her. I'll never forget that wonderful day.

Question No.1： Who knew a good cake shop?

Question No.2： Why did Kyoko want to make a cake for her grandmother?

Question No.3： ★How many hours did Kyoko need to make the cake?

Question No.4： What did Kyoko do at her grandmother's birthday party?

覚えたい表現
Memory work

★as ～「～として」

★my first time
「（私にとって）初めてのこと」

★be happy to ～
「～してうれしい」
★sang
sing「歌う」の過去形

★How many
hours ～？
「何時間～？」

選択肢から，No.1は人物，No.2は理由，No.3は時間，No.4は行動についての質問だと推測できるね。関連部分の音声に注意しながら聞き取ってメモをし，質問にそなえよう。

日本語訳

解説
Explanation

今日は，私の祖母の誕生日パーティーについて話そうと思います。

誕生日の前に，私は，祖母にあげる誕生日プレゼントについて両親と話しました。

父は，「ケーキ屋に行って誕生日ケーキを買おう」と言いました。

No.1 ィ母は，「いい考えね。私はおいしいケーキ屋を知っているわ」と言いました。しかし私は，自分のバッグを見て別の考えが浮かびました。

「No.2 ェおばあちゃんは去年，私の誕生日プレゼントとしてこのバッグを作ってくれたの。だから私はケーキを作りたいわ」と私は言いました。両親も賛成してくれました。

No.3 ゥ誕生日当日，私は午前9時からケーキを作り始めました。ケーキ作りは初めてのことだったので，両親が手伝ってくれました。私は午後1時にケーキを作り終えました。

私たちは6時に祖母の家に行き，パーティーを始めました。

まず，一緒にごちそうを楽しみました。

その後，私は祖母にケーキを見せました。

それを見ると，祖母は，「まあ，自分で作ったの？とってもうれしいわ。ありがとう，教子」と言いました。

私はそれを聞いてうれしくなりました。

No.4 ィそれから私たちは，祖母のために誕生日の歌を歌って，一緒にケーキを食べました。私はあの素晴らしい日を決して忘れません。

Question No.1：おいしいケーキ屋を知っていたのは誰ですか？

Question No.2：教子はなぜ祖母にケーキを作ってあげたかったのですか？

Question No.3：教子はケーキを作るのに何時間かかりましたか？

Question No.4：教子は祖母の誕生日パーティーで何をしましたか？

No.1
おいしいケーキ屋を知っていた人は，ケーキを買おうと言ったお父さんではないよ。教子のお母さんだね。

No.2
おばあちゃんがバッグを作ってくれたから，自分も手作りのものをあげたいと思ったんだね。

No.3
午前9時から午後1時までだから，4時間だね。

No.4
教子が話したのは，イの「祖母のために両親と誕生日の歌を歌った」だね。

第7章　　　　　作　文

基本問題

解答　No.1　（例文）We can give her some flowers.

No.2　（例文）I can play soccer with him. It's bcause I can talk with him in Japanese while we are playing soccer.

 放送文　　🔘15

No.1　⼥：Hi, John. Do you know our classmate Eiko will leave Tokyo and live in Osaka from next month?

We have to ★say goodbye to her soon.

⼥：Really, Kyoko? I didn't know that. I'm very sad.

⼥：Me, too. Well, let's do something for Eiko. What can we do?

⼥：(　　　　)

★say goodbye to 〜
「〜にさよならを言う」

No.2　Hello, everyone.

Next week a student from Australia will come to our class and study with us for a month.

His name is Bob.

He wants to enjoy his stay.

He likes sports very much and wants to learn Japanese.

Please tell me what you can do for him and why.

No.1 では引っ越すクラスメートに，No.2 ではオーストラリアからの留学生に対してできることを英文で書くよ。間違えずに書ける単語や表現を使って短くまとめよう。

日本語訳

No.1 　女：こんにちは，ジョン。クラスメートのエイコが東京を去り，

来月から大阪に住むことになったって知ってる？

もうすぐさよならを言わなければならないわ。

　男：本当に，教子？それは知らなかったよ。とても悲しいね。

　女：私もよ。エイコのために何かしましょう。

何ができるかしら？

　男：（　　　　）

No.1
東京から大阪へ引っ越すクラスメートにしてあげられることを書こう。
（例文の訳）
「花束をあげることができるね」
「(人)に(もの)をあげる」＝give＋人＋もの

No.2 　みなさん，こんにちは。

来週，オーストラリアから１人の留学生がこのクラスに来て，

一緒に１か月間勉強する予定です。

彼の名前はボブです。

彼はこの滞在を楽しみたいと思っています。

彼はスポーツが大好きで，日本語を学びたいと思っています。

あなたが彼のためにできることと，その理由を教えてください。

No.2
スポーツが大好きで日本語を学びたい留学生のためにできることと，その理由を書こう。
（例文の訳）
「僕は彼と一緒にサッカーをすることができます。サッカーをしながら，彼と日本語で話をすることができるからです」

練習問題

解答　**No.1**　ウ　　**No.2**　They should tell a teacher.

　　　No.3　（例文）I want to go to America because there are a lot of places
to visit.

 放送文　

*Welcome to our school. I am Lucy, a second-year student of this school. We are going to show you around our school today. Our school was built in 2019, so it's still new.

Now we are in the gym.

We will start with the library, and I will *show you how to use it. Then we will look at classrooms and the music room, and No.1 ウ we will finish at the lunch room. There, you will meet other students and teachers.

After that, we are going to have *a welcome party.

There is something more I want to tell you.

We took a group picture *in front of our school.

No.2 If you want one, you should tell a teacher tomorrow.

Do you have any questions?

Now let's start.

Please come with me.

Question No.1 : Where will the Japanese students meet other students and teachers?

Question No.2 : If the Japanese students want a picture, what should they do tomorrow?

Question No.3 : If you study abroad, what country do you want to go to and why?

覚えたい表現
Memory work

★Welcome to ～ .
「～へようこそ」

★show＋人＋もの
「（人）に（もの）を見せる」

★a welcome
party「歓迎会」

★in front of ～
「～の前で」

「…ので〜したい」＝I want to 〜 because …. は英作文でよく使う形なので覚えておこう。

私たちの学校へようこそ。私はルーシー，この学校の2年生です。

今日はみなさんに学校を案内します。

私たちの学校は2019年に建てられました，ですからまだ新しいですね。

私たちは今，体育館にいます。

まず図書館から始めましょう，その使い方を教えます。

それから，教室と音楽室を見て，No.1 ウ最後に食堂を見ます。そこで，みなさんは他の生徒や先生と対面することになっています。

その後，歓迎会をする予定です。

みなさんにお伝えしたいことがもう少しあります。

校舎の前でグループ写真を撮りましたね。

No.2その写真が欲しい人は，明日先生に申し出てください。

何か質問はありますか？

では行きましょう。

私についてきてください。

Question No.1：日本の生徒はどこで他の生徒や先生と会いますか？

Question No.2：日本の生徒は写真が欲しい場合，明日何をすべきですか？

Question No.3：もしあなたが留学するなら，どの国に行きたいですか，そしてそれはなぜですか？

No.1
他の生徒や先生と対面する場所は食堂＝the lunch roomだから，ウだね。

No.2
Ifで始まる文の後半の内容を答えればいいね。

No.3
したいこととその理由を答えるときは，I want to 〜 because …. の形を使おう。
（例文の訳）
「訪れるたくさんの場所があるので，私はアメリカに行きたいです」

 ← グループ分け

P3	What do you want to do in the future?	あなたは将来何をしたいですか？
	by bike	自転車で
	Can you ～?	～してくれませんか？
	Can I ～?	～してもいいですか？
	look at ～	～を見る
	have to ～	～しなければならない
P5	What's the matter?	どうしたの？
	last night	昨夜
	go to bed	寝る
	get up	起きる
	for ～（期間を表す言葉）	～の間
	stop ～ing	～することをやめる
	How about ～?	～はどうですか？
	Thank you for ～ing.	～してくれてありがとう
	for ～（対象を表す言葉）	～のために
P7	What time shall we meet?	何時に待ち合わせる？
	the ＋最上級＋ in ＋○○	○○の中で最も…
	no ＋人	（人）が1人も～ない
	I've never ～.	私は一度も～したことがない
	keep ＋人／もの＋状態	（人／もの）を（状態）に保つ
P9	school festival	学園祭
	look ～	～のように見える
	next to ～	～のとなりに
	I hear（that）～.	～だそうだ
	be good at ～ing	～することが得意だ
	be glad to ～	～してうれしい
	over ～	～以上
	make a speech	スピーチをする
	the number of ～	～の数
	keep ～ing	～し続ける
	go up	増加する
	go down	減少する
P11	Have you ever been to ～?	～に行ったことがありますか？
	May I help you?	お手伝いしましょうか？／いらっしゃいませ
	look for ～	～を探す
	What are you going to do?	何をするつもりですか？
	go fishing	釣りに行く
	May I speak to ～?	（電話で）～さんをお願いできますか？
P13	You have the wrong number.	番号が違っています
	I've just ＋過去分詞.	ちょうど～したところだ
	be famous for ～	～て有名である
	How long does it take to ～?	～するのにどれくらい時間がかかりますか？
	There is no ～.	～がない
P15	be ready	準備ができている
	tell ＋人＋ to ～	（人）に～するように言う
	Would you like some more?	もう少しいかが？
	How much ～?	～はいくらですか？

- 37 -

P17	Are you free?	(時間)が空いている？
	be out	外出している
	want + 人 + to ～	(人)に～してほしい
	Can I leave a message?	伝言をお願いできますか？
	Could you ～?	～していただけませんか？
P19	What kind of ～?	どんな種類の～？
	be surprised to ～	～して驚く
	decide to ～	～することに決める／決心する
	from A to B	A から B まで
	international	国際的な
P21	be held	開催される
	on the second day	2日目に
	a long time ago	昔
	Shall we ～?	(一緒に)～しましょうか？
P23	What's up?	どうしたの？
	for a long time	長い間／ずっと
	the same time	同じ時間
	invite ～	～を招く／誘う
	how to ～	～する方法
P25	What happened?	何かあった？
	so…that ～	とても…なので～
	feel sorry for ～	～に申し訳なく思う
	tell + 人 + that ～	(人)に～と言う
	improve	上達する
	encourage ～	～を励ます
	since then	それ以来
	keep ～ in mind	～を心に留める
	look forward to ～ ing	～することを楽しみにする
	do one's best	ベストを尽くす
P27	ask + 人 + to ～	(人)に～するように頼む
	each other	お互いに
	That sounds good.	それはいいね
	a lot of ～	たくさんの～
	actually	実際に／実は
P29	environment	環境
	more than ～	～以上
	finish ～ ing	～し終える
	one of ～	～の1つ
	the textbook says (that) ～	教科書には～と書いてある
	protect A from B	B から A を守る
P31	as ～	～として
	my first time	(私にとって)初めてのこと
	be happy to ～	～してうれしい
	sang	sing「歌う」の過去形
	How many hours ～?	何時間～？
P33	say goodbye to ～	～にさよならを言う
P35	Welcome to ～.	～へようこそ
	show + 人 + もの	(人)に(もの)を見せる
	a welcome party	歓迎会
	in front of ～	～の前で

聞き違いをしやすい表現
Easy to mistake

 17

1 聞き違いをしやすい数

サーティーン　　　　サーティ
thirteen「13」と thirty「30」

 アクセントの位置に着目

thirteen「13」と thirty「30」

フォーティーン　　フォーティ fourteen「14」と forty「40」	フィフティーン　　フィフティ fifteen「15」と fifty「50」
シックスティーン　　シックスティ sixteen「16」と sixty「60」	セブンティーン　　セブンティ seventeen「17」と seventy「70」
エイティーン　　エイティ eighteen「18」と eighty「80」	ナインティーン　　ナインティ nineteen「19」と ninety「90」

2 聞き違いをしやすい英語

キャン　　　　　キャン(ト)
can「できる」と can't「できない」

 次の単語との間に着目
間がない　　　間がある
can ～　　　can't ～

ウォント won't「しないつもり」と want to「したい」	フェアー where「どこ?」と when「いつ?」

3 同じ発音で違う意味の英語

ワン　　　　　ワン
won「勝った」と one「1」

 単語の位置や文の意味で判断

「アイ ワン ザ プライズ」だったら
→ I won the prize.
私は賞を勝ち取りました

「アイ チョゥズ ワン」だったら
→ I chose one.
私は1つを選びました

レッド red「赤」と read「読んだ」

4 セットで読まれる英語

ゼァリズ
There is

 連語表現の発音に慣れよう

「ゼアー」と「イズ」を続けて読むと「ゼァリズ」
There　　　is

ゲラップ get up	ピカップ pick up	オプニット open it	シェイキット shake it	トーカバウト talk about	ハフトゥ have to
ワノブ one of	ウォンチュー want you	ミーチュー meet you	ディジュー Did you	ミシュー miss you	

高校入試対策

英語リスニング練習問題

基本問題集

:≡ contents

※解答集は別冊です

教英出版

はじめに

　グローバル化が急速に進展する中で，外国語によるコミュニケーション能力は，一部の業種や職種だけでなく，今後の生活の様々な場面で必要になってきます。

　学習指導要領では，小・中・高等学校での一貫した外国語教育を通して，外国語による「聞くこと」，「読むこと」，「話すこと」，「書くこと」の４つの技能を習得し，簡単な情報や考えなどを理解したり伝えあったりするコミュニケーション能力を身につけることを目標としています。

　これを受けて，高校入試の英語リスニング問題は，公立高校をはじめ私立高校においても，問題数の増加や配点の上昇が顕著になってきています。

　本書は，全国の高校入試の英語リスニングでよく出題されるパターンを，７つの章に分類し，徹底的に練習できるようになっています。リスニングの出題形式に慣れるとともに，解き方，答え合わせや復習のしかたがよく分かるようになるので，限られた時間の中で効率よく学習ができます。

　高校入試の英語リスニング問題は，基礎的な単語や文法が中心で，長文読解問題に比べればそれほど複雑な内容ではありません。聴き取れれば解ける問題ばかりです。

　本書で，やさしい問題から入試レベルの問題までを繰り返し練習し，入試本番の得点力を身につけてください。

この問題集の特長と使い方

１．準備をする！

　高校入試では一斉リスニングの場合がほとんどです。できればイヤホン（ヘッドホン）を使わずに，CD プレイヤーやスピーカーを準備しよう。

　問題は，章ごとに「基本問題」と「練習問題」があります。「基本問題」に取りかかる前に，「🖑 ポイント」を読んでおこう。 ヒント や メモ ， ⚠ミスに注意 にも，あらかじめ目を通しておこう。

２．問題に取り組む！

　準備ができたら，集中して音声を聴こう。間違えてもいいので必ず答えを書くことを心がけよう。

３．解答だけを確認する！

　ひとつの問題を解き終えたら，解答集ですぐに答え合わせをしよう。このとき，まだ放送文や日本語訳は見ないでおこう。解答だけを確認したら，もう一度音声を聴こう。正解した問題は聴き取れたところを，間違えてしまった問題は聴き取れなかったところを，意識しながら聴いてみよう。

４．放送文を確認する！

　今度は，解答集の放送文（英文）を目で追いながら音声を聴いてみよう。このとき，キーワードやキーセンテンス（カギとなる重要な文）を確実に聴き取れるまで何度も繰り返し聴いてみよう。途中で分からなくなったら最初から聴き直そう。

5. 覚えたい表現やアドバイスを確認する！

解答集では，英語リスニング問題でよく出る「覚えたい表現」や，同じパターンの問題を解くときのコツなどをアドバイスしています。よく読んでおこう。

6. 日本語訳を確認する！

解答集は，放送文と日本語訳が見開きのページに載っているので，照らし合わせながら確認しよう。内容を正しく理解できているか，会話表現の独特な言い回しをきちんと把握できているかを確認しよう。知らなかった単語や表現はここでしっかりと覚えておこう。

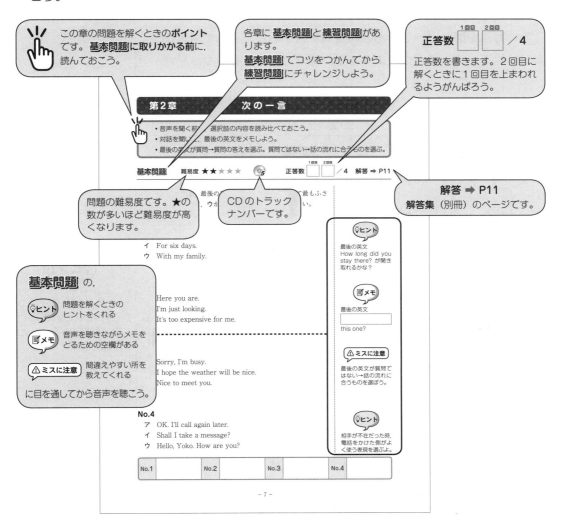

この章の問題を解くときの**ポイント**です。**基本問題**に取りかかる前に，読んでおこう。

各章に**基本問題**と**練習問題**があります。**基本問題**でコツをつかんでから**練習問題**にチャレンジしよう。

正答数　　　／4
正答数を書きます。2回目に解くときに1回目を上まわれるようがんばろう。

第2章　　　　次の一言

・音声を聞く前に，選択肢の内容を読み比べておこう。
・対話を聞いて，最後の英文をメモしよう。
・最後の英文が質問→質問の答えを選ぶ。質問ではない→話の流れに合うものを選ぶ。

基本問題　難易度 ★★★★★　　⑤　　正答数　／4　解答 ➡ P11

問題の難易度です。★の数が多いほど難易度が高くなります。

CDのトラックナンバーです。

解答 ➡ P11
解答集（別冊）のページです。

基本問題の，

💡ヒント　問題を解くときのヒントをくれる

📝メモ　音声を聴きながらメモをとるための空欄がある

⚠ミスに注意　間違えやすい所を教えてくれる

に目を通してから音声を聴こう。

イ　For six days.
ウ　With my family.

💡ヒント
最後の英文
How long did you stay there? が聞き取れるかな？

Here you are.
I'm just looking.
It's too expensive for me.

📝メモ
最後の英文
□ this one?

Sorry, I'm busy.
I hope the weather will be nice.
Nice to meet you.

⚠ミスに注意
最後の英文が質問ではない→話の流れに合うものを選ぼう。

No.4
ア　OK. I'll call again later.
イ　Shall I take a message?
ウ　Hello, Yoko. How are you?

💡ヒント
相手が不在だった時，電話をかけた側がよく使う表現を選ぶよ。

No.1		No.2		No.3		No.4	

- 7 -

・音声を聞く前に選択肢の絵やグラフを見比べておこう。

・絵やグラフを見比べたら，どんな英文が流れるか予想してみよう。

・音声を聞きながら，答えに関係しそうな内容をメモしよう。

基本問題A　難易度 ★ ☆ ☆ ☆ ☆　　　　正答数　1回目 ☐　2回目 ☐ ／3　解答 ➡ P3

　次の対話を聞いて，そのあとの質問に対する答えとして最もふさわしい絵を，**ア，イ，ウ，エ**から1つ選び，記号を書きなさい。

No.1

ア　　　　　　　　イ　　　　　　　　ウ　　　　　　　　エ

💡ヒント

職業を選ぶ問題かな？

No.2

ア　　　　　　　　イ　　　　　　　　ウ　　　　　　　　エ

💡ヒント

「ヘルメットをかぶって自転車で公園に行き，野球をする」といった話かな？

No.3

ア　　　　　　　　イ　　　　　　　　ウ　　　　　　　　エ

📝メモ

卵

みかん ☐ 個

りんご ☐ 個

ジュース

No.1		No.2		No.3	

次の英文や対話を聞いて，そのあとの質問に対する答えとして最もふさわしい絵を，**ア，イ，ウ，エ**から1つ選び，記号を書きなさい。

No.1

ア　イ　ウ　エ

 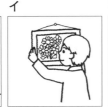  

💡ヒント

腕時計＝watch
掛け時計／置き時計
＝clock

No.2

ア　イ　ウ　エ

💡ヒント

天気：雨／雪
移動手段：
徒歩／自転車
どっちかな？

No.3

ア　イ　ウ　エ

📝メモ

昨夜 ☐　　。

今朝 ☐　　。

No.4

ア　イ　ウ　エ

⚠ミスに注意

AMは午前，PMは午後だね。寝た時刻？
起きた時刻？

No.1		No.2		No.3		No.4	

次の対話を聞いて，そのあとの質問に対する答えとして最もふさわしい絵やグラフを，ア，イ，ウ，エから1つ選び，記号を書きなさい。

No.1

ア　　　　　　　イ　　　　　　　ウ　　　　　　　エ

No.2

ア　　　　　　　イ　　　　　　　ウ　　　　　　　エ

No.3

ア　　　　　　　イ　　　　　　　ウ　　　　　　　エ

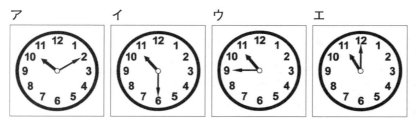

No.4　「球技大会で何をやりたいか？」〜クラス別　アンケート結果〜

ア　　　　　　　イ　　　　　　　ウ　　　　　　　エ

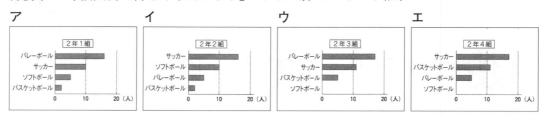

No.1		No.2		No.3		No.4	

次の対話や英文を聞いて，そのあとの質問に対する答えとして最もふさわしい絵やグラフを，ア，イ，ウ，エから1つ選び，記号を書きなさい。

No.1

No.2

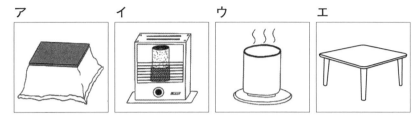

No.3

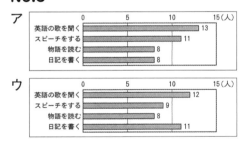
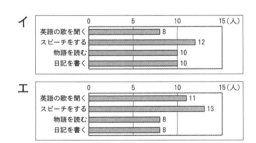

No.4

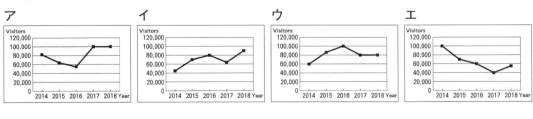

No.1		No.2		No.3		No.4	

- 音声を聞く前に，選択肢の内容を読み比べておこう。
- 対話を聞いて，最後の英文をメモしよう。
- 最後の英文が質問→質問の答えを選ぶ。質問ではない→話の流れに合うものを選ぶ。

基本問題　難易度 ★★★★★　　正答数 [　] [　] ／ 4　解答 ➡ P11

1回目　2回目

次の対話を聞いて，最後の英文に対する受け答えとして最もふさわしいものを，**ア，イ，ウ**から1つ選び，記号を書きなさい。

No.1
ア　By plane.
イ　For six days.
ウ　With my family.

ヒント

最後の英文
How long did you stay there? が聞き取れるかな？

No.2
ア　Here you are.
イ　I'm just looking.
ウ　It's too expensive for me.

メモ

最後の英文

[　　　　　　]

this one?

No.3
ア　Sorry, I'm busy.
イ　I hope the weather will be nice.
ウ　Nice to meet you.

ミスに注意

最後の英文が質問ではない→話の流れに合うものを選ぼう。

No.4
ア　OK. I'll call again later.
イ　Shall I take a message?
ウ　Hello, Yoko. How are you?

ヒント

相手が不在だった時，電話をかけた側がよく使う表現を選ぶよ。

No.1		No.2		No.3		No.4	

次の対話を聞いて，最後の英文に対する受け答えとして最もふさわしいものを，ア，イ，ウ，エから1つ選び，記号を書きなさい。

No.1
ア　I don't know your phone number.
イ　I see. Do you want to leave a message?
ウ　Can you ask him to call me?
エ　I'm so sorry.

No.2
ア　Sorry. I haven't washed the tomatoes yet.
イ　I don't think so. Please help me.
ウ　Thanks. Please cut these carrots.
エ　All right. I can't help you.

No.3
ア　Ten o'clock in the morning.
イ　Only a few minutes.
ウ　Four days a week.
エ　Every Saturday.

No.4
ア　Sure. I'll do it now.
イ　No. I've never sent him a letter.
ウ　Yes. You found my name on it.
エ　Of course. I finished my homework.

No.1		No.2		No.3		No.4	

第3章　　対話や英文と質問（1つ）

- 音声を聞く前に，選択肢の内容を読み比べておこう。
- 対話を聞いて，人物の名前や行動などをメモしよう。
- 質問を聞いて，誰の何についての質問かメモしよう。

基本問題　難易度 ★★★★★　　正答数 ［1回目］□ ［2回目］□ ／3　解答 ➡ P15

次の対話や英文を聞いて，そのあとの質問に対する答えとして最もふさわしいものを，**ア，イ，ウ，エ**から1つ選び，記号を書きなさい。

No.1

ア　She is going to do Mike's homework with her husband.
イ　She is going to cook dinner in the dining room.
ウ　She is going to go to the dining room with Mike.
エ　She is going to eat dinner with her husband and Mike.

メモ

マイク：□が終わった。おなかが□。□を呼びに行く。
母親：□の準備ができた。

No.2

ア　Yes, please. I want more.
イ　Help yourself, Lisa.
ウ　I'm sorry. I can't cook well.
エ　Of course. You can take it.

ヒント

対話の最後のリサの勧めに対する答えを選ぶよ。

No.3

ア　They are in the nurse's office.
イ　They are in the library.
ウ　They are at a stationery shop.
エ　They are at a birthday party.

ヒント

選択肢のThey areは共通だね。場所を選ぶ問題だよ。

No.1		No.2		No.3	

次の対話を聞いて，そのあとの質問に対する答えとして最もふさわしいものを，ア，イ，ウ，エから１つ選び，記号を書きなさい。

No.1
ア　This Saturday.
イ　This Sunday.
ウ　Tomorrow.
エ　Next Monday.

No.2
ア　To do Tom's homework.
イ　To bring Eita's math notebook.
ウ　To call Tom later.
エ　To leave a message.

No.3
ア　Because Mike said some museums in his country had *ukiyoe*.
イ　Because Mike learned about *ukiyoe* last weekend.
ウ　Because Mike went to the city art museum in Japan last weekend.
エ　Because Mike didn't see *ukiyoe* in his country.

No.4
ア　It took about 25 minutes from Toyama to Kanazawa.
イ　Hiroshi walked from Kanazawa Station to Kenroku-en.
ウ　Hiroshi went to many countries during his holiday.
エ　Hiroshi took a bus in Kanazawa.

No.1		No.2		No.3		No.4	

第4章　　　語句を入れる

- 音声を聞く前に空欄を見て，聞き取る内容をしぼろう。
- fifteen「15」とfifty「50」などを聞き分けるために，数はアクセントに注意しよう。
- Tuesday「火曜日」とThursday「木曜日」の違いなど，曜日を正しく聞き取ろう。

基本問題　難易度 ★ ★ ☆ ☆ ☆ 　◎9　　正答数 1回目 ☐ 2回目 ☐ ／6　解答 ➡ P21

No.1　デイビッドと教子の対話を聞いて，【教子のメモ】のア，イ，ウにあてはまる言葉を日本語または数字で書きなさい。

【教子のメモ】

お祭りのダンスイベント
・（　　ア　　）曜日に行われる。
・集合時刻は午後（　　イ　　）。
・集合場所は音楽ホール。
・Tシャツの色は（　　ウ　　）色。

📝メモ

お祭り:
☐ 曜日～☐ 曜日
ダンスイベント:
☐ 日目
開始時刻: 午後 ☐ 時
集合時刻: ☐ 分前
Tシャツの色: ☐ 色

No.2　ケイトと英太の対話を聞いて，【英太のメモ】のア，イ，ウにあてはまる言葉を日本語または数字で書きなさい。

【英太のメモ】

・古い建物は（　　ア　　）である。
・約（　　イ　　）年前に建てられ，学校として使われていた。
・昔の人々がどのように（　　ウ　　）していたかを見ることができる。

⚠ ミスに注意

アクセントに注意して数を聞き取ろう。

No.1	ア		イ		ウ	
No.2	ア		イ		ウ	

No.1　マイクとリサの対話を聞いて，対話のあとに【リサがナンシーの留守番電話に残したメッセージ】の**ア，イ**にあてはまる言葉を英語または数字で書きなさい。

【リサがナンシーの留守番電話に残したメッセージ】

> Hi, Nancy.　This is Lisa.
> Mike's brother is going to stay in Fukuoka for three weeks.
> So Mike and I have decided to take him to a ramen shop next （　ア　）.
> They will come to my house at （　イ　）, and we will walk to the shop.
> If you want to join us, please tell me.

No.2　ジェームスとアヤの対話を聞いて，対話のあとに【アヤがジェームスに送ったメール】の**ア，イ**にあてはまる言葉を英語で書きなさい。

【アヤがジェームスに送ったメール】

> Hi, James.
> I enjoyed the concert today.
> I am happy because I can （　ア　） how to play the violin from you.
> I will see you at your house on （　イ　）.

No.1	ア		イ	
No.2	ア		イ	

- 音声を聞く前に，問題文をよく読み，登場人物の名前や立場を把握しよう。
- 音声を聞く前に，選択肢（と質問）から聞き取る内容をしぼろう。
- 音声を聞きながら，「誰が何をした」に関する内容をメモしよう。

基本問題　　難易度 ★★★☆☆　　◎11　　正答数 □□ ／4　　解答 ➡ P25

ALTのブラウン先生とケンジの対話を聞いて，次の質問に対する答えとして最もふさわしいものを，**ア**，**イ**，**ウ**から1つ選び，記号を書きなさい。

No.1 What happened to Kenji's basketball team last week?
ア　His team won the game.
イ　His team lost the game.
ウ　His team became stronger by practicing hard.

No.2 How does Kenji feel when he makes mistakes in the basketball game?
ア　He always feels sorry for his friends in his team.
イ　He doesn't understand how he feels.
ウ　He is encouraged by making mistakes.

No.3 When will Kenji have his next game?
ア　He will have it in December.
イ　He will have it in November.
ウ　He will have it in October.

No.4 Which is true?
ア　Kenji learned that he could improve his basketball skills by making mistakes.
イ　Kenji was encouraged by his friend's words and smile.
ウ　Kenji has played basketball for ten years in America.

📝メモ

- 先週の試合でケンジのチームは□□た。
- ブラウン先生は□□で□□年間バスケットボールをしていた。
- ケンジはミスをすると□□に□□と思う。
- ブラウン先生はミスをすると□□に□□いた。
- しかし，ブラウン先生の友達がまた□□すればいいと言った。その□□と□□に励まされた。
- ケンジはブラウン先生からとても□□なことを学んだ。今ではミスをすることで□□の技術が□□すると信じている。
- ケンジの次の□□は□□月にある。
- ブラウン先生は□□を楽しみにしている。
- ケンジは□□つもりだ。

No.1		No.2		No.3		No.4	

1回目　2回目

　ダイキとキャシーの春休みの予定についての対話を聞いて，そのあとの質問に対する答えとして最もふさわしいものを，ア，イ，ウ，エから1つ選び，記号を書きなさい。

No.1
ア　He lived in Tokyo.
イ　He lived in Sydney.
ウ　He lived in Osaka.
エ　He lived in America.

No.2
ア　Cathy will.
イ　Sam will.
ウ　Sam's parents will.
エ　Kate will.

No.3
ア　Yes, she does.
イ　No, she doesn't.
ウ　Yes, she has.
エ　No, she hasn't.

No.4
ア　She likes to send e-mails.
イ　She likes to go shopping.
ウ　She likes to go to the zoo.
エ　She likes to take pictures.

No.1		No.2		No.3		No.4	

第6章　　　　英文と質問（複数）

- 音声を聞く前に，問題文をよく読み，話をする人の名前や立場を把握しよう。
- 音声を聞く前に，選択肢（と質問）から聞き取る内容をしぼろう。
- 音声を聞きながら，キーワードをメモしよう。

基本問題　難易度 ★★★☆☆ **13**　正答数 1回目□ 2回目□ ／3　解答 ➡ P29

　ALTのグリーン先生が夏休みの宿題について話をします。それを聞いて，次の質問に対する答えとして最もふさわしいものを，ア，イ，ウ，エから1つ選び，記号を書きなさい。

No.1　生徒たちには，どのような宿題が出されましたか。
ア　A report about one of the problems written in the textbook.
イ　A report about what the students did during summer vacation.
ウ　A report about how to use the city library.
エ　A report about people around the world.

No.2　教科書には，何をしなければならないと書いてありましたか。
ア　To read books in the city library for the report.
イ　To finish writing a report about the problems in our environment.
ウ　To learn about how the Internet can help the students.
エ　To keep thinking about protecting our environment.

No.3　生徒たちは，いつ先生に宿題を提出しなければなりませんか。
ア　After the next class.
イ　At the end of summer vacation.
ウ　At the first class after summer vacation.
エ　At the last class of this year.

メモ

- ［　　］前の［　　］。
明日から［　　］日間の休みに入る。
- ［　　］問題についてのレポートを書く。英単語を［　　］語以上使う。
- ［　　　　］についての［　　　］を読み終えた。
- ［　　　　］の中で［　　　　］がある問題を選ぶ。
- ［　　　　］には［　　　　］の誰もが環境を［　　　　］について考え続けなければならないと書いてある。
- 詳しく知りたい人は［　　　　　　］や［　　　　　　］の本を利用する。
- ［　　　　］でレポートを提出する。

No.1		No.2		No.3	

　教子が祖母の誕生日パーティーについて話をします。それを聞いて，そのあとの質問に対する答えとして最もふさわしいものを，ア，イ，ウ，エから1つ選び，記号を書きなさい。

No.1
　ア　Kyoko's grandmother did.
　イ　Kyoko's mother did.
　ウ　Kyoko's father did.
　エ　Kyoko did.

No.2
　ア　Because Kyoko makes a birthday cake every year.
　イ　Because Kyoko couldn't buy a cake at the cake shop.
　ウ　Because Kyoko's grandmother asked her to make a cake.
　エ　Because Kyoko's grandmother made a bag for her.

No.3
　ア　Nine hours.
　イ　Six hours.
　ウ　Four hours.
　エ　One hour.

No.4
　ア　She enjoyed a special lunch with her grandmother.
　イ　She sang a birthday song for her grandmother with her parents.
　ウ　She said to her grandmother, "Thank you."
　エ　She showed the bag to her grandmother.

No.1		No.2		No.3		No.4	

第7章　　　　作　文

- 音声を聞く前に，登場人物と作文の条件を確認しよう。
- 本文→質問の順で放送されることが多い。質問は確実に聞き取ろう。
- 自信のない表現は避け，自分が正しく書ける表現を使って英文を作ろう。

基本問題　　難易度 ★★★★★ 　15　　正答数　1回目 □　2回目 □　／2　解答 ➡ P33

No.1　ジョンと教子の対話を聞いて，教子の最後の問いかけに対する答えを，ジョンに代わって英文で書きなさい。

ヒント

転校していくクラスメートにしてあげられることを書こう。We can 〜「(僕らは)〜できる」の書き出しではじめよう。

No.2　ALTのデイビッド先生の話を聞いて，先生の指示に対するあなたの答えを2文以上の英文で書きなさい。

ヒント

2文以上で書くよ。質問で2つのことを聞かれるから，それぞれ1文ずつ書こう。1文目は主語+can 〜「〜できる」の形で書くといいね。2文目の理由はIt's because 〜 .「それは〜だからだ」を使おう。

No.1	
No.2	

カナダの高校に留学にきた日本の生徒たちに向けてルーシーが学校の案内をします。その説明を聞いて，次の各問いに答えなさい。

　No.1では，そのあとの質問に対する答えとして最もふさわしいものを，**ア，イ，ウ，エ**から１つ選び，記号を書きなさい。

　No.2 では，質問に対する答えをルーシーが説明した内容に合うように英文で書きなさい。

　No.3 では，質問に対するあなたの答えを英文で書きなさい。

No.1

ア　In the gym.
イ　In the library.
ウ　In the lunch room.
エ　In front of their school.

No.2　（質問に対する答えを英文で書く）

No.3　（質問に対する答えを英文で書く）

No.1	
No.2	
No.3	

CDトラックナンバー 一覧

◁))) **音声の聴き方**

　ＣＤで音声を聴くことができます。ＣＤ以外でも，教英出版ウェブサイトでＩＤ番号を入力して音声を聴くことができます。ＩＤ番号を入力して音声を聴く方法は，都道府県版（別冊）の１ページをご覧ください。